全球教练经典译丛

COACHING FOR IMPROVED WORK PERFORMANCE, REVISED EDITION

绩效教练

获得最佳绩效的教练方法与模型

[美] 费迪南德 · 佛尼斯（Ferdinand F. Fournies）著
吴忠岫 译
李 黎 审校

（升级版）

電子工業出版社
Publishing House of Electronics Industry
北京 · BEIJING

版权贸易合同登记号　图字：01-2013-0246

图书在版编目（CIP）数据

绩效教练：获得最佳绩效的教练方法与模型：升级版 /（美）费迪南德 • 佛尼斯著；吴忠岫译. —北京：电子工业出版社，2020.7

（全球教练经典译丛）

书名原文：Coaching for Improved Work Performance，Revised Edition

ISBN 978-7-121-39170-5

I. ①绩… II. ①费… ②吴… III. ①企业绩效－企业管理－研究 IV. ①F272.5

中国版本图书馆 CIP 数据核字(2020)第 111066 号

责任编辑：杨洪军
印　　刷：涿州市般润文化传播有限公司
装　　订：涿州市般润文化传播有限公司
出版发行：电子工业出版社
　　　　　北京市海淀区万寿路 173 信箱　邮编 100036
开　　本：720×1000　1/16　印张：16.5　字数：264 千字
版　　次：2014 年 1 月第 1 版
　　　　　2020 年 7 月第 2 版
印　　次：2024 年 12 月第 7 次印刷
定　　价：75.00 元

凡所购买电子工业出版社图书有缺损问题，请向购买书店调换。若书店售缺，请与本社发行部联系，联系及邮购电话：（010）88254888，88258888。

质量投诉请发邮件至 zlts@phei.com.cn，盗版侵权举报请发邮件至 dbqq@phei.com.cn。

本书咨询联系方式：（010）88254199，sjb@phei.com.cn。

引言

本书第 1 版是应数千位在我的研讨会上学过教练技巧的管理者的要求而创作的。改进工作绩效的教练技术这一研讨会备受追捧的原因，可用一位管理者的话来解释："多年来，我参加过各种各样的管理研讨会，但在这次研讨会上首次有人这样讲授，教我如何采取具体行动来解决在员工管理中遇到的问题。"在第 1 版问世后的 20 年里，世界范围内数十万名管理者学习这一教练技术的经历已证明了它的有效性，同时这些管理者为进一步提高其有效性提出了诸多建议。

今天的管理者想要卓有成效地指导员工工作，就要在管理能力上有较大的提升。一方面，员工看待自己工作上的权利和义务有了更广泛的期待（有些期待甚至不切实际）；另一方面，处处可见的裁员和养老金计划被撤销的新闻使得员工明白了这样一个道理：忠诚已是一条有去无回的单行道。

你也许听说过，大约 1/3 的求职者不具有所申请职位需要的读写及计算技能。在一次针对小公司面临的最大问题的调查中，"员工质量"列各公司答复中的第一位。

另一份对 18～34 岁年龄组的调查报告揭示，79%的人认为世上并无绝对的道德准则。他们认为诚实与否取决于于己是否便利。某所大学的 MBA 学员承认，在商业中进行欺骗是理所当然的，"因为所有人都这么做"，所以他们也会这么做。某些公司黑客以老板的名义编造、传播一些令人尴尬的信息；

其他人则在公司电脑里安装一些病毒，一旦自己被开除，这些病毒便会被激活。某家报纸约请一位颇受大众欢迎的漫画家，让他画了在办公室里偷懒而不被发现的五种方法并在报上登了出来。对自己的待遇或对公司政策的变更心怀不满的员工则创建了一些网站，计划以此来交流信息并筹划法律行动。

在员工提起标的达 500 万美元的索赔诉讼这一严峻威胁面前，数年前还被认为只是区区烦扰的事已使得管理者在处理问题员工时变得畏首畏尾。现在多数管理者都认识到那种冲员工喊“闭上嘴巴干活去”的管理方法已经行不通了，但同时他们又一窝蜂地投奔传统方式的对立面，即转而采用劳而无功的“取悦员工”式策略。当一家汽车厂的工长们要求对问题员工采取正式惩罚措施时，他们的上司对他们说了这样的话：“这不行，你得学会如何跟员工更融洽地相处。”自此以后，工长们就避免采取任何形式的惩罚措施了。

管理者在苦苦探求破解这一困境的解决之道。

在这一困境中令人欣慰的消息是，就算你打算开除绩效最差的员工，其糟糕行为也很可能不会超过其整体绩效的 20%，而他另外 80%的行为是妥当的。如果你因为某人偷窃而将其解雇，其实偷窃只占他全部行为的 1%；其余 99%的行为均属优秀。多数被开除员工的不良行为很可能不超过其全部行为的 5%。他们行为中的绝大部分都是合宜的，但管理者无法忍受这 5%的不良行为，而且不懂得该采取什么措施加以纠正。不过，解决方案现在已经出现。经验证明，本书中的指南在指导管理者的日常工作中，在一步步应对员工的良好及不良行为的过程中能够取得优异效果。

本书的目的不在于帮助管理者提升员工在工作中的快乐感，或提升管理者的人气，或把人道关怀提升到把员工对生活的满意度包容在内的地步。不过，这类事情却是有效运用教练流程的额外收获。教练流程是一套管理体系，在促成员工取得优秀工作绩效方面，这个流程能够帮助管理者更好地实现这一点，而员工绩效则是直接关系企业存亡的大事。本书的唯一目的在于帮助管理者更好地完成本职工作，提升员工绩效，其中既有量的提升，又有质的改善。如果在工作中运用这些技能，你就能按需改变员工的绩效。

数年前，一家保险公司的高管找到我，他说："我们必须裁掉10%的员工，因此我希望你能给我们的管理者传授一下教练流程以便解雇最差的员工。"我对他说这种做法行不通，因为教练流程的目的在于帮管理者把不良员工转变成优秀员工。如果他的管理者运用了教练流程，则不良员工的绩效会有所起色，而这样一来管理者在决定解雇哪名员工时就会难以取舍。最好的做法是先裁员，再向管理者传授教练流程以便把留下来的员工的绩效调整到最佳状态。

本书要完成两大独立任务。第一个任务是处理管理者对员工抱有的某些特定信念，包括对员工、对作为老板或辅助者角色的自己，以及对无法进行界定的管理流程及动机所抱有的信念。对员工、对自己及对工作关系抱有错误的信念，由于未能采取正确措施，或者由于采取了错误的措施，一些管理者在改进员工绩效方面付出的努力遭遇了挫折。例如，一家食品加工厂的总裁有过下面的言论并在工作中身体力行："如果发现我的经理在工作中绩效不佳，我就会给他一次大的提拔。如果他的绩效不能随之提高且进一步改善，我就会开除他。"另一位 CEO 对我说过，他提升绩效的办法是给员工分派超过他们能力所及的工作。他说，尽管大多数人都不能完成任务，但他们的绩效确实会有所提高。这两位管理者都觉得自己发现了真正的管理技巧，但两人均对其有效性不甚满意。生活的真谛在于，如果一个人抱有错误的信念，他就会有意识地做些错误的事；相反，如果一个人抱有正确的信念，他就会有意识地做些正确的事。因此，本书的第一个任务便是，改变管理者对有效管理构成障碍的雇佣关系、动机及管理等关键信念的看法。

本书的第二个任务是探讨管理者在改变员工绩效的过程中可以运用的技巧。经验表明，即使那些抱有正确信念的管理者也不懂该怎么做。出现这种情况的一个主要原因在于，关于员工管理的文献中的理论及大道理浩如烟海，但关于该采取何种具体措施的陈述难觅踪影。正如一位管理者所言："我有一种即将得救的感觉，只是不知道它将如何出现以及自己该怎么做。"

在员工管理领域进行 20 多年的研究、调查及授课后，我对于管理更像架桥而不像施展咒语这一信念已经了然于胸。员工管理是一系列干预工作，与员工行为有着因果关系。鉴于此，本书将给读者介绍一些具体技巧，以及在遇到具体问题时如何加以运用。

有一次，在一家大型制药公司内部举办的教练研讨会上，管理者问："你有什么证据证明你这些东西起作用呢？"还没等我发话，一位管理者已经举手问我可不可以让他讲一个故事。他的故事是这样的：那年 1 月他刚被提拔主持一个有 15 名员工的部门，他的上司告诉他得开除一名员工，这名员工除了会制造麻烦，什么也不会干。这位管理者对上司说，他要在 1 月底参加一次公开教练研讨会，因此希望把开除这名麻烦员工的事推迟到那时再说。2 月初，上司问他打算何时开除这名麻烦员工，这位管理者回答由于他刚参加过一个教练研讨会，因此他打算先在这名问题员工身上尝试一下刚学来的教练技巧。大约在 3 月中旬，上司再问这位管理者准备何时开除这名问题员工，这位管理者回答："现在我们不必开除他了，他现在把该做的都做到了。"故事讲完后，这位管理者对其他人说："这个教练流程确实行之有效。"

对于大多数读者，尤其是那些经验丰富的管理者来说，只阅读从目录上看来很令人兴奋的章节是种很自然的倾向。直接翻到结论部分而不必在异想天开的解释上浪费时间似乎是一种合乎逻辑的行为。这确实会节省时间，不过，这种做法和在读一个好笑的笑话时只看那句惹人发笑的话而不读笑话的其余部分一样急功好进。

我建议大家在阅读本书时从头读到尾，否则它就不能为你履行其应尽的职责。道理非常简单，如果你不相信本书开篇讲的某些事情，你就不会按书末给出的建议去做，因为你会觉得这些建议不可理喻。反之亦然，仅仅拥有正确的信念还不够，要取得成功就得实际去做这些正确的事情。

费迪南德·佛尼斯

目录

第 1 章

管理者为什么做不成好教练

在我对多个管理绩效评估项目进行分析而展开的首个全国性研究中，大多数公司均宣称他们的评估项目中最重要的部分是评估面谈——管理者与员工的面对面谈话。在被问及什么是评估项目中最薄弱的部分时，大多数公司的答复仍是管理者与员工的面对面谈话。众多公司均坦率承认，就算有评估面谈，这种面谈通常也起不了什么作用。管理者则一个个承认，在处理面对面谈话时他们觉得自己一筹莫展，当面谈目的在于解决绩效问题时尤其如此。他们承认，很多时候，面谈结束后的情形似乎比面谈以前更糟糕。这一事实的奇怪之处就在于，承认管理者在面对面谈话中失败的大多数公司并未就如何去提高面谈效果对管理者进行培训。

令人困惑的是，尽管各种形式的管理培训项目数不胜数，多数管理者仍然无法履行好工作中如此关键的一项职责，即面对面教练流程。

在对管理者所接受的培训种类检视一番后，我们可以发现，在员工管理方面他们的现状与 50 年前相比几乎没有任何进展。出现这种情况的原因在于，大多数培训都要求管理者在成为成功的管理者之前首先变成心理学家，同时向他们传授该做些什么，却对该如何去做只字不提。

在对一家公司的销售经理进行培训时，我曾有机会亲眼看见这一问题的全面展开。在我这次研讨会开始之前，一位在 20 多年时间里为该公司提供销售员甄选服务的心理咨询师正要结束自己的讲演。他当时正就如何做才能更有效地甄选销售员向销售经理慷慨建言。在讲演结束时他表示：“女士们，先生们，我要送给大家的最后一条也是最重要的一条建议是，在聘用求职者以前，要确保他们有上进心，不然他们就注定会失败。这一点怎么强调都不为过。”

话音未落，后排马上就有一位销售经理举手发问：“先生，您能告诉我该问哪些问题来辨别求职者是否有上进心吗？”讲演人的回答出人意料：“我无法确切告诉你该怎么做。”我当时的想法就是：“咨询师先生，如果你无法确切告诉他们该怎么办，那么你为什么说他们应该去做呢？”这一现象在管理培训中已是司空见惯。

从现实角度看，这里面的一个真正的问题是：“如果一个人要进行七八年的学习才能拿到心理学博士学位，另外还需要 2～10 年不等的实践才能成长为一名卓有成效的心理咨询师，那么他怎么可能在两小时、两个月甚至两年内把他的平生所学传授给别人呢？”这一问题的答案是“不可能”。事情的真相是，管理者参加各种管理培训课程并对心理咨询师在执业中常用的一些理论耳熟能详。他们在参加完培训课程离开时，心中对自己所面临问题的艰巨性有了更细致的理解，他们寻求解决方案的决心更迫切了，也更愿意尝试去采取正确的举措。不过他们却对具体该做什么感到心中茫然。

这样一来的结果便是，管理者扮起了业余心理咨询师的角色。人们不应因此而责备这些管理者；如果你打算放弃 YST 管理法（大吼、尖叫和威胁）的话，这种扮业余心理咨询师的方法给人的感觉不错，而且是看似唯一行得通的法子。此外，假如你认定下属患有精神分裂症的话，那么又有谁来证明你的判断是错的呢？

这一局面中的现实问题就是，指望不在必要的学习及训练上花些时间就可以履行心理咨询师的职责是不切实际的。不管你如何一期不落地阅读《今日心理学》或《读者文摘》，终究是不会有人给你邮寄博士文凭的。如果你的办公室没有摆张沙发的话，那么你甚至连成为一名心理咨询师良好的开端都还不具备。

我并不是指责管理者在扮演心理咨询师这一角色中所表现出来的热切，或他们抱有成功扮好该角色这一信念的不切实际。我要毫不含糊地责备这些培训者。他们试图把自己花费了数年才学到的东西在两天内传授给别人。他们真正该扮演的角色是一名翻译。他们应该把自己的理论和技术术语翻译成管理者需要了解并能够成功运用到工作中去的实用信息和技巧，而他们是花费了数年才学到理论和技术术语的。他们应当传授的信息是你不必再回大学深造三年就可以上手使用的信息。

我给大家的最好建议是，抵御那些虚假培训师劝诱你去做一名业余心理咨询师的诱惑和游说之词。世上压根就不会有这么简单的事情。不要被诱骗进入使用一些你压根就一无所知的辞藻和理念的境地，这是一种自我毁灭式的行为。这是现在看似唯一可行的方法，不过，当你读完本书后，你就知道了该如何运用更多切实可行的备选方法。

关于管理为何物的混乱

在每次教练研讨会上我都会用一个简单问题开头，这问题问得管理者都坐不住了："什么是管理？"经过一段时间的沉默之后，常见的答复有：

赚取利润

制订计划并实现目标

实现业绩

指挥其他人完成任务

在担任美国管理协会（American Management Association）主席时，劳伦斯·艾坡里（Lawrence Appley）曾拍摄过一系列管理方面的电影。他导演的首部电影只讲述了一个主题，即把管理定义为指挥其他人干活。艾坡里表示："当你亲自动手做事时你是一名技术人员，当你指挥其他人做事时你便是一名管理者。"我们大多数人在履行管理职责时常常不断改变角色。有些时候我们会关起门来亲自做一些事情（技术人员干的事情）；而在另一些时间里，打开门来干起管理工作时，我们又是在指挥其他人干活。但我们常常遭遇挫折，原因就在于我们把过多时间花在干技术人员的活上，而在指挥其他人干活这件事上花的时间又不够。我们觉察不到二者的区别。有时候这是因为我们压根就不知道有这样的区别存在。另一些时候，则因为压给我们的过多的技术性任务令我们无暇顾及管理工作。

我在自己的第一本书中分析了 35 家美国企业的管理绩效考核计划。这些企业中最小的一家有 100 名雇员，而最大的企业则有 26 500 名雇员；这些均是以赢利为目标的企业组织。我进行这种分析的目的之一，便是找出这些公司在评估管理绩效的过程中考核过的所有项目，然后判断出所有公司都考核过的项目有多少。在进一步阅读之前，请大家猜一下这 35 家公司均加以考核的类似项目有多少个。

答案是一个也没有。所有公司共同考核的项目一个也没有，虽说这些公司都是在对管理绩效进行考核。多数公司考核的一个项目是业绩（78% 的公司考核）。其次是领导能力（69% 的公司考核）及行动意愿（65% 的公司考核）。毫无疑问，对这一结果你们会跟我一样惊讶。为什么不是所有公司都考核计划或委派或教练或协调呢？这些项目无疑是所有管理职位都具有的。

在对 75 家美国和加拿大公司销售人员的绩效考核计划加以调查后，我后来发布了一份调查报告。猜一猜这些公司的销售员绩效考核中有多少个类似项目呢？

所有公司均加以考核的项目有五个，另三个项目有 69%～100% 的公司加以考核。有些项目，如知识，在有些公司中的考核次数多达四次。例如，它们分别考核公司知识、产品知识、竞争知识及客户知识。

出现这一巨大差异的一个看似显而易见的原因是，管理是一个远比销售更具动态性也更难加以界定的概念。遗憾的是，事实并非如此。公司里不同销售岗位间的差异要远远大于不同管理职位间的差异。换言之，与不同公司里具体销售活动间的相似性相比，不同公司里管理者所采取的具体行动间的相似性要大得多。销售工作因产品、客户群体、市场不同而各异。而管理者与员工的关系及管理者管理职责项下工作的变化就少得多了。从调查揭示的两个领域考核间的差异中，我们显然可以得出这样的结论：我们在界定什么是销售方面下的功夫要大于在界定什么是管理方面下的功夫。

如果连设计管理绩效考核方案的专家都不知道管理是什么，那么各位管理者怎么可能在这方面懂得跟专家一样多，甚至比专家懂得更多呢？何况他们在分析这一流程中所花的时间要比专家少得多？自问："如果作为管理者的我都不懂身为管理者的职责所在，那么我如何考核其他人的管理绩效，更不用说向他们传授该如何去做了。"答案当然是"没办法"。

导致这一状况出现的原因之一要追溯到人们是怎样成为管理者的。事情是这样发生的：你被人们叫进去，被要求跪下。老板用一柄王者之剑碰了一下你的肩膀，同时嘴里念念有词地说了这样的魔咒："我现在宣布你为经理，去那里动手干吧。"你跳起身来喜笑颜开地说："是的，我要去那里着手干了。"不过，我们假设你被授封的不是经理，老板说的是"我封你为飞行员；到那边去飞吧"。你还会跳起身来回答"是的，我会照指示去飞的"吗？抑或你会反问："你开什么玩笑？我连如何启动飞机发动机都不懂，更不用说开飞机了。"事情很可能是，即使你懂得如何启动发动机，如果真要去尝试开飞机的话，结果也很可能是从天上掉下来。

更符合逻辑的情况是，一个刚被授封为飞行员的人这样说："非常感谢，不过我还是不知道怎么做。"驾驶飞机是你要做的事情，管理同样是你要做的事情。为什么在一种情况下一个人愿意承认自己不懂该怎么做才算正确，而在另一种情况下人们就假定他懂得该怎么做才是正确的呢？

当你意识到封你为经理的老板觉得你现在是一位管理者之时，这一问题就变得复杂了。事情会是这样的："因为我刚封你为经理，所以你就是一位管理者了，因此，你就必须知道该怎么做了。"对于一位管理者来说，这一假设跟封一名飞行员时要求其即刻懂得如何开飞机一样荒诞不经。遗憾的是，在企业里，我们花费大量时间来向新任命的管理者讲述他们应该做的事情，却不告诉他们该如何去做，相应地，如果一位管理者失败了，人们认为其主要原因在于他个人的不可移易的内在缺陷，而不在于由他不知道该如何去做所导致的无力去做。当某人的失败摆在我面前时，我问的第一个问题是："谁教过他如何去做？"答案通常是"没有人"。

管理培训的重点一直以来都是满堂灌理论：增加管理者的知识，却没有教他们该做些什么去应用这些知识。这一点在管理者谈论管理时遇到困难便得到佐证。一个司空见惯的现象是，管理者不能区分管理理念、惯例、策略及目标。行为、态度及特征被看作同一事物。

管理者在描述其他人的绩效时，常使用如下泛泛之语及不明确的隐喻：

她头脑敏锐。

他很机灵。

她很有活力。

他的想法不切实际。

她出色极了。

他需要人推一把。

她得缓一下。

他有点古里古怪。

他需要更多历练。

一位管理着一个大型配送中心的副总裁私下里对我说，他手下的二号人物办事不力。我问他这个问题大约是什么情况，他回答："他不能尽到分内的责任。"当我问这人具体错在哪里时，他回答："他从入职以来就没站到胜利者的一边过。"我们的对话就像这样持续了数分钟时间，直到最后我对他说："我不知道你在说什么。"如果这位副总裁向一位同僚说："我手下的二号人物办事不力。"他得到的回应很可能是："你有替换人选吗？"

总而言之，因为你是一位管理者就认定你知道该如何管理，这种想法看似合乎逻辑，实际上这种思维跟现实是脱节的。如果你想不出该做什么，那么你所拥有据以履行本职管理工作的便只有你的善意了，而善意是补偿不了不良绩效的。管理是一套通过指挥他人工作而做成功事情的干预系统。你做的事情或可划分成规划、组织、指导、协调、控制及教练等概括性条目，而每个条目下又有数不清的具体细目。如果你无法向别人描述自己作为一位管理者的职责内的工作，那么你或者不知道自己干的是什么，或者你就在变魔术，而在商业中完全没有任何魔术的成分。如果你不知道自己在做什么，你就无法向员工传授该如何去展开工作，更不必说去考核他们做得正确与否了。你面临的唯一选择便是找出你作为一位管理者的职责所在，或该做的事情。我在本书中正打算帮助你实现这一目标。

管理者凭什么获得报酬

管理者对自己凭什么获得报酬这个问题的看法是挡在成功实施面对面管理面前的一大障碍。当我就管理者凭什么获得报酬向他们提问时，我得到的惯常答复如下：

因为管理工作

因为指导别人

因为负有责任

因为做出业绩

五花八门的答复总会让我吃惊。许多管理者表示“答案取决于各位管理者在公司里的职位高低及其所管理员工的种类”。在我调研的某些公司里有博士及硕士经理，我让他们解释为什么公司会出薪酬雇用他们。一位管理着八位硕士下属的硕士经理对我说，他所做的根本不是管理：“这有点像个俱乐部；我们只是一起逗留在那里而已。”你可能会这样猜想，如果某人因为做某件事情而得到报酬，那么这个人应该知道自己是因为做了什么而获得这种报酬的。

设想我在一条保龄球道上打球。我穿了一双价值 100 美元的保龄球鞋，一条价值 125 美元的保龄休闲长裤，以及一件在日本手工绣制，价值 200 美元的保龄球衫。球衫背后绣有一个保龄球，闪电从球上劈出，空中保龄球飞舞，还绣有四个金黄大字“费迪夺冠”。我买来了市场上能买到的最昂贵的保龄球，我的保龄球袋是由未出生羔羊的皮缝制的。我的保龄球每局平均得分为 27 分。如果你了解了这一切，你就会走上前来拍着我的肩膀说：“费迪，你是个出色的保龄球手吗？”显然，答案是否定的。

当然，我会抗议并辩解说，你错看我了。我可以如数家珍地解释保龄球的起源及它的历史变迁。我可以口若悬河地谈论不同的击球技术风格以及不同风格间的细微差异，我提醒你注意我击球风格中的美感及对称性，包括我站在犯规线上表现出来的肢体语言。我说："我真的是一名出色球手。"但你很可能会对我说，尽管我的扮相不错，但评断一名保龄球手的终极标准是打球成绩，即我击倒了多少个保龄球。一锤定音的是最终结果。

现在我要求大家把我想象成一位在职的管理者。我身上穿着价值 800 美元的西装和价值 100 美元的衬衫。我个子高高，气质出众；言辞通达，说话掷地有声；我谙熟所有管理学上的心理学理论，能就不同理论间的细微差别滔滔不绝地讲半天。不过，我的大多数员工的绩效都不尽如人意。那么，你，或者公司里其他任何一位熟知这一切的人会拍着我的肩膀说："费迪，你是个出色的管理者吗？"同样，答案显然是否定的。

跟在保龄球场上决定一名球手出色与否的是其打球成绩是一个道理，管理者是因为做出了业绩而获得报酬的，即视他们所管理的员工所取得的成就或未能有所成就而定。你的员工工作的成败决定了你的成绩。这意味着作为一位管理者，你所得到的奖惩——加薪、升职、降职或维持原职——均基于对你管理成功与否的考核。对你的成败所做的考核不是关于你自己所做的事，而是你的员工所做的事——他们的业绩，当你的员工取得成功时，你就会被认可为一位成功的管理者。如果员工失败了，你就会被看作一位失败的管理者，而不管你自己做得怎样。员工的业绩就是你的成绩。

换言之，如果你的员工业绩不佳，那么你再对着镜子孤芳自赏，自奉为卓越管理者或表彰自己作为一位管理者所做出的绝妙事迹是不适宜的。不了解管理者为什么获得报酬的一个陷阱是，这会引导你认为要不要花时间帮助员工取得成功是自己的权利。这很容易把自己想象成一个可以按自己的意愿向自己从芸芸众生中挑选出来的人施行奖惩、传授智慧的神祇。遗憾的是，这不是你可以选择做不做的事，而是你的工作；这是你要获取薪酬就必须做的事。你不去帮他们就是种自毁性行为。

想象自己站在保龄球道上看着眼前打出了自己讨厌的中分球。你决定下一球弃权，于是你对记分员说："我决定不去清掉这个中分球，直接这样记分就行了。"这种做法听上去有些愚蠢，是不是？如果你这样做了，那当然是种愚蠢的行为。但我认为你不会那样做，因为你知道如果自己那样做了就会影响自己的成绩；你明白那将是一种自毁性行为。作为一位管理者，只要你选择不去帮助自己的员工取得成功，你就陷入了一个自毁性行为的陷阱。你在主动选择扣减自己的分数。

作为一位管理者，你的考核基于你的员工所做出的工作，而不是你自己干了什么。因此，生活现实规定了作为一位管理者，你获得薪酬不是因为自己做了什么，而是因为员工做了什么。

谁需要谁

管理者常在面对面谈话中失败的另一个原因是他们对他们自己、对员工及对公司的相对价值抱有大为失当的看法。这导致管理者在解决员工面临的问题时采取错误的行动或不采取任何行动。这里有一个很好的例子。假设你是一位手下有十名直属员工的经理。我们再假设你为了阅读本书这一明确目的而休一天假，而你的十名直属员工都去工作。记住上面的前提，回答下面的问题：

如果你的员工小组在任一天的全部预计工作量为 100%，那么在你待在家里而你的全部员工都在工作的情况下，你估计今天完成工作量的百分比是多少？

我在向管理者提出这个问题时，他们的答复是 70%～110%。现在我们假定明天你去工作而你的十位下属全都待在家中，而且你也找不到替换人手。现在回答问题：

如果你和员工小组在明天完成的预计工作量为 100%，那么明天实际会完成的百分比是多少呢？

如果你的答案大于 10%，那你一定是在开自己的玩笑。这个故事的寓意是，你需要他们超过他们需要你。这并不是说你的存在就没必要了。这也不是说你不重要。这只是说，要完成工作，你需要他们超过他们需要你。

你可能会说因为只取了一天时间来衡量，这种例子不公平。那么我们就取长一点的时间段。你六个月不上班而他们天天工作。我们会标注每天的劳动生产率，六个月时间结束时，我们再算出平均数。在接下来的六个月里你去工作而他们不去上班，你也没有替换人手。我们会算出你在这一阶段的平均劳动生产率。不管你的技术如何熟练或你工作得多么卖力，两种平均数间仍然会有巨大差异。

这跟在管理者刚得到授封时的信念恰恰相反，而许多人的这种信念自此之后便再也没有发生改变。在你得到授封时发生了什么？你是否笑容满面地站起身来，点头表示同意呢？你是否大步流星地奔向自己的位子，成竹在胸？也许你办公室里的隔板现在已向上延伸，跟天花板连接到一起了。或许你已经有了一个专用停车位。你是否因为知道了自己已属于“正宗皇室成员”而趾高气扬地环视周围的芸芸众生？毕竟，因为你曾经与他们为伍，而你现在被选为经理，不再是他们中的一员了。因此，为什么就不可以自认为高他们一等呢？

你几乎当即意识到，如果不盖上你自己的印章或你不批准的话，有许多事情是员工无法做的。此外，你发现为了完成工作他们常常找上你寻求帮助、查询信息、寻求保证等。他们做的这些事你过去常做，而如果你得到升迁，这一定是因为你比他们做得更出色。因此，现在你的贡献之一便是让他们放弃原来的方式，转而遵循你的方式行事，而不管他们过去一直在用何种方式行事，因为你的方式显然是最优的。慢慢地，你意识到自己是这个团队中最重要的一员，其他人则仍然会仰仗你的权力。他们向你寻求信息和批准的频率越高，你就越坚信自己是宇宙的中枢。你会发自内心地感慨，如果没有了你他们该怎么过下去。毕竟，如果你不在那里签字、批准并给出肯定或否定意见，那些员工就会像迷途的羔羊一般茫然不知所措。即便在感觉不适的时候，你仍然会拖着病体去工作，因为你知道没有你他们就无法过下去。

当你被封为经理时，发生在你身上的另一件事便是你被权力腐化了。在你得到授封时，你的眉心处出现了一个不可见的标识，时隐时现——上司……上司……上司。你自己看不见这个标识，但你手下的每名员工都看得见它。你会看见人们毕恭毕敬地一排排地站在你周围等着跟你谈话。你会注意到员工看上去很在意跟你说话的方式，但你却不觉得有任何理由要在意自己跟他们谈话的方式。你开始意识到你叫大家干事他们就会照做。毕竟，他们出现在那里就是为了听候你的调遣。令你异常开心的是，他们中的大多数人都会这么做，那些能力不济者除外。因为你说什么身边的人就做什么，你越来越觉得自己的重要性无以复加。不过，事情的真相是，你被哄骗进认为自己才是这个团队中最重要一员的幻境中。因为你认为他们需要你多过你需要他们，于是你便也这样对待他们了。你陷入了自毁的境地。你不再管理；你于是只管记分了。

虽然令人悲哀却真实的事实是，你需要他们多过他们需要你。没有他们你就无法完成任务。

第2章

那么，这一切意味着什么

要成功地管理员工，你必须承认关于管理者角色的三个非常重要的基本事实。

事实 1：管理是指挥其他人做事情的一种干预活动。

事实 2：你需要员工超过他们需要你。

事实 3：你是因为员工的工作而不是你自己的工作而得到薪酬的。

如果你接受这三个基本事实，你就会得出一些极其重要的结论，即就自己如何成为一名成功管理者所必需的恰如其分的行为得出的一些结论。例如，如果管理就是指挥其他人完成任务，以及你需要他们超过他们需要你，而且你接受的奖惩取决于他们的工作而不是自己的工作，那么一个水到渠成的结论便是，你之所以有作为一位管理者存在的必要性，就是要尽你权力范围内的一切力量帮助员工达到你需要他们成功的程度。只有他们成功了，你才会成功。

如果你接受这样一个事实，即对你绩效的评估基于你的员工的工作而不是你的工作，那么一个合乎逻辑的结论便是，只有你的员工取得更大的成功，你才能取得更大的成就。这还意味着只有为下属的成败负全责，你才可能获得更好的成绩。同时这也意味着，如果你希望在企业界里取得更大的成功，那么你就必须加倍努力，尽一切可能协助员工成功，避免失败。

如果你发自内心地相信自己作为一位管理者的主要目的就是尽一切可能帮助员工成功，那么你就是承认了这样一个道理，即每当有员工失败，你的败绩便增加了一次。如果你为员工的成败负全责，那便意味着在开除员工前你要做的最后一件事情便是对着镜子中的自己说“你失败了”，然后才走出去对该员工说“你被开除了”。这跟看着员工说“你失败了，你被开除了”这种常见管理做法处在完全对立的两个极端。

显然，有时候，员工绩效低下是由个人固有的缺陷所致的，因而也就在你的控制范围之外。不过，这作为货真价实的失败原因出现的机会极少。这跟管理者在大多数情况下的行为倾向形成鲜明对照，管理者通常把绩效低下归咎于员工内在的、无法改变的能力不济。当管理者选择后一做法时，他们无意中把自己堵进了放弃管理的死胡同中。道理非常简单，你一旦认定（或得出结论认为）某名员工的绩效低下是其身上不可改变的缺陷所致，那么你便关上了尝试用不同方式来干预解决这一问题的大门。你刚刚从对该员工的管理中抽身离去；现在你可以袖手旁观，静观事态发展。

有一位管理者给我讲了这样一个故事。在参加完我的教练研讨会后，她尝试再辅导一次一名问题员工，此前她早已认定应对这名问题员工的唯一办法就是将其开除。她说，她复习了一下研讨会笔记，觉得自己大事小事都没什么差错。作为最后一个步骤，她走进了洗手间，正当她要对着镜子中的自己说“你失败了”时，她说了句：“我要再尝试一次。”她再次与该问题员工谈了一次话，随后，他的绩效有了提升。

管理者偶尔会回应：“我接手部门的人员聘用都没经过我，要我对员工的成败负全责是不合理的。”因为管理者没有插手该部门的招聘工作，所以这种低下绩效是由用人不当所致的说法看似没有什么不妥。人们一般认为，管理者在可以为本部门的正常运作承担责任前有权利或义务对这些人力资源进行一番替换。正是因为有这一假设的存在，所以许多新上任的管理者开局第一步就是精兵简政。这种清理门户是许多基层管理者的常见做法，在销售经理群体中更是非常普遍的做法。

我向持这种观点的管理者提出了这样一个问题，即如果有人对他们说“我现在宣布你为公司副总裁兼丹佛工厂总经理”，那么他们会如何运用手中这种大扫除的权力呢？等他们赶到丹佛时发现，这家工厂建于 50 年前，机械设备使用时间达 25 年之久，而所有工人都在工厂里工作了 20 年。他们仍然会认为关掉这家旧工厂，然后另建一座新工厂、购买新机械设备及聘用新员工是他们的权利及职责所在吗？答案当然是否定的。基层管理者在实践中用于清理门户的所谓权利、特权或职责在他们看来是项合乎逻辑的举措，因为他们不懂该运用什么样的管理干预来解决自己面临的管理问题。这非但不是一项权利、特权或职责，反倒是一种自毁性行为。本书的目的便是为管理者在解决这些问题时提供更多的备选方案，并帮助管理者避免做出一些自毁性行为。

顺势而为是种自毁性行为

新任经理所面临的另一个陷阱是“我也只是一名凡人”的说法。我们假设封你为经理的仪式刚刚结束。在“到那边去吧”的话语仍然在耳中萦绕之际，你回到了自己的部门去做那所谓的管理工作。由于你不懂该如何做，对你来说最显见的事便是顺势而为。你是一位新任经理，在管理方面还没有达到无所不通的地步，因此解决管理问题的最佳方法便是在工作中以诚待人，坦率无隐。毕竟，如果你告诫人们要真诚并竭力于正事，那么即便结果不尽如人意，也不会有人可以因此而责怪你（即使那些因为你的工作而受到伤害的人也不会怪你）。这样一来的结果便是，你快快乐乐地做出一些坦诚直率、发自肺腑的决策，心中淡定，即使你可能做错事波及员工，但员工也会表示理解，因为你毕竟是一个凡人，你待人真诚而且跟所有人一样都有七情六欲。

例如，设想你早上赶去上班并对手下的十名员工逐一问早安。你对每名员工打招呼："早上好，A先生。天气不错吧？早上好，B先生。天气不错吧？早上好，C先生。"等招呼到第十名员工时，你的问候便像一张反复重播的坏唱片了。事实上，在招呼到第五名员工时，这种坏唱片综合征便可能已侵入了你的精神，因此你对第五至十名员工只是挥挥手，用一句"嘿，大家好"来替代早上好这种招呼琐事。毕竟，你也只是一个凡人，谁会喜欢像反复播放的坏唱片一样的感觉呢？这种感觉让人觉得荒谬。

换一个例子来说吧，我们假设你跟十位下属每人进行一次简短的对话。你对每人说15~20个单词。当轮到第十个人时，我问你："你对第一名员工说了什么？"你的反应可能是："你以为我是什么留声机吗？你以为我会记住我说过的每句话吗？"

这不公平，不是吗？你不是一台机器，你只是一个凡人。要指望你记住十次会话中的所有细节是不合情理的。此外，这种在自己圈子里的重复性话语令你生厌。不过，你没有意识到的情况是，当你跟一名员工谈话时，尽管对你来说这名员工只是十名员工中的一名，但对于每名员工来说，你却是唯一一位。你是该员工的唯一上司。如果你今天跟该员工谈过话，那么他一整天满脑子里想的都是你在那次谈话中说过的话。他可以自由地重新解读这些句子，运用同义词和反义词加以比较，对你在说哪个字眼之前或之后笑过感到忧心忡忡，以及揣摩这整个谈话有什么意图。尽管你在工作环境中有十名员工，但这十名员工中的每名都只有一位经理。

设想你去观看某著名百老汇剧的第87场演出。幕布开启前，剧组中一位成员从幕布里钻出来对观众说："女士们，先生们，这出戏我们已演过 86 次了，我们对剧中的台词和配乐感到有点厌烦了。因此今天我们将做一点点改变。我们跳一些别的舞蹈，开几个我们喜欢的玩笑，对剧情按我们的兴趣做出一些改变。"或者，假设他说："女士们，先生们，这是我们今天演的第三场戏。今天上午演的那一场可能是我们从艺以来演过最出色的一场。第二场虽说算不上最佳，但仍然是一场扎实出色的戏。这一场将是一次失败的演出，因为我们已经累垮了。大家去跟看过前两场的观众聊聊，他们是赞不绝口的。"

这听上去荒诞不经，不是吗？的确，这跟你以自己只是一个凡人为由缩减跟任何一名员工的谈话一样荒谬。从你被封为经理之日起，你便放弃了顺势而为的权利。管理中有演艺界的成分。你无法选择这种成分的有无，你所拥有的选择只是承认与否。你可以忽视它的存在，但你却无法令其消失。事实是，当你站在员工面前时，你便站上了演艺界的舞台。

例如，假设你对每名员工都有特定的话要说，特定的事要做，要说或做这些事情需要花费 20 分钟的时间。等第六名员工结束时你已精疲力竭或厌倦透顶了，或觉得这个话题已陈腐不堪了，因此你便对第七名员工说："听着，我已经筋疲力尽，不想再谈这些了；你为什么不去找第一名员工谈一谈呢？在跟她谈时我思维敏锐而她也乐意听。"

这听上去同样荒谬绝伦，不是吗？事实上，你不大可能这样做。不过你可能会改变自己的做法，这样一来你便不会感到厌烦，或你会只花 10 分钟而不是 20 分钟。遗憾的是，结果仍然是同样的，你在为了一己之便利而改写这出戏，而观众（第七名员工）却无法明白这一点。

当你意识到不论你在员工面前做什么事情都会被他们具体联系到他们自己身上来加以解读时，这种演艺的成分就越发明显了。他们在持续观察你的一举一动，并按这些举动对他们的意义来做出各自的解读。如果你的员工不知道你举动的确切原因，那么他们会天马行空地快速就你行事的原因做出他们自己的解读。例如，假设你在吃早餐时把咖啡洒在了衣服上，上班途中收到了一张交通罚单，在公司停车场踩进了深及膝盖的烂泥浆里。结果你的心情很糟糕，你没有按惯例问候大家“哈喽”，相反，你在从员工身边经过时一路咆哮并发火。相应地，第一名员工可能会想：“天哪，他仍然在为我们昨天的问题发脾气，尽管我已经道过歉了。”第二名员工则可能会想：“天哪，那只是我们在上周犯的一个小小错误而已，在事情恶化前我就处理好了。我猜他肯定发现这件事了。”第三名员工则在想：“我猜他昨晚知道了得不到他梦寐以求的升迁。”第四名员工则想：“他根本没必要仅仅因为我要求加薪就生我的气。”这种猜测会一直进行下去。但就你而言，你带着很坏的情绪去上班是有正当理由的。但每名员工只知道一个事实，即作为他的经理，你没有像往常那样跟他打招呼，而每名员工对此都在进行着各自的解读。

即使你到了公司站在办公室中央，只是做了双目紧闭、双手垂在身边这么简单的一个举动，员工对此仍然有他们五花八门的解读。例如：

员工 1：“他在沉思。”

员工 2：“他心脏病犯了。”

员工 3：“他尿裤子了。”

一旦你成了一位有着自己下属的经理，你便再也担负不起顺势而为这种奢侈行为了。如果你继续顺势，你便很可能卷入了自我毁灭性的行为当中。

你对此的反应可能是：“你的意思是说我一定要虚情假意，不能向员工表达我的正常情绪了？”对这个问题的回答既是肯定的又是否定的。虚情假意不是我们这里要谈论的部分。我们要谈的是控制你的自毁性行为。我要你做的只是控制在工作环境中自己的行为，这跟你在社交环境中控制自己行为的原因是相同的，因为不这样做便是自毁性行为。

举例来说，假设你站在保龄球道前，现在要打第三局的最后一轮球。你打出了一个全中，因此现在你得再打一个球。你说：“好家伙，我还得再打吗？老天，我已经累坏了，我已经打了一整晚了。”现在就因为打了一个全中而不得不再打一球，于是你捡起球挪到掷球位置，因为你已经打了整晚的球，于是你不管三七二十一地掷出了最后一个球。你会那么做吗？抑或你会像所有其他保龄球手的做法一样去做呢？尽管你已经打了一整晚的球，你仍然会尽一切可能鼓足精神来跟种种疲劳状况做斗争，如果说这个球不算最重要的一个的话，那么它至少跟其他球一样重要。我猜想你不会顺势而为；你会尽一切可能把最后一球掷好。如果不这样做，对一名保龄球手来说就是一种自毁性行为。我的问题是，如果在保龄球比赛中，你克制自己身为凡人的种种倾向（而且作为一名保龄球手你甚至得不到报酬）的做法是合乎逻辑的，那么在你赚得安身立命本钱的管理工作中，你为什么不去抵御那种只想做个凡俗之人的倾向呢？

你能想象一位销售员正在对当天最后一位客户进行拜访的情形吗？因为她已经疲倦了，于是她走到客户面前说：“听着，客户先生，今天我有点累，我实在不打算再对你做推销了。你为什么不打电话给我今天上午拜访的那位客户呢？当时我的确状态神勇，最终他买了许多产品。”不过，销售员们并不会这么做。在对最后一位客户进行拜访前，虽然他们已经累得一塌糊涂了，他们仍然会整好衣装，喷一点口气清新剂，打起精神，把对最后一位客户的拜访做到把产品销出去所必需的程度。

我知道有些管理者在被员工激怒时会摔门、摔抽屉、摔电话、折断铅笔，以及把本子摔在桌上或扔出去。而同样是这些管理者，在被他们的上司所激怒时就不会折断铅笔、扔本子、摔门或踢上司的桌子。其原因在于他们知道在上司面前这么做是自毁性行为。而他们继续这样对待员工则是因为他们没有意识到那么做也是自毁性行为。在我询问员工为什么不喜欢自己的老板时，最常见的答案如下：

她当着大家的面批评我。

他让我在其他员工面前看上去像个智障。

他在房间对面冲我大喊大叫。

他辱骂员工，说他们愚蠢。

她在众人面前侮辱我，冲我大喊：“你为什么就不偶尔动一动脑子？”

当员工的绩效一团糟的时候，你可能会觉得表达你的愤怒及恼火心情是件很自然的事情。这的确可能让人觉得是件自然的事情，不过这跟管理毫无干系。这跟你在打保龄球时未能清掉中分球而用脚去踢保龄球一样是种自毁性行为。人们一生中只会踢保龄球一次；因为他们发现这是自毁性行为。

你是否曾驾驶过很耗汽油的汽车呢？如果你有过这种经历的话，在每次驱车进入加油站购买汽油的时候，你是否会用撬胎杆抽打汽车前盖呢？我发自内心地认为你没有这么干，即使你可能想过这么干。如果你真的这么做了，那将是种愚蠢的自毁性行为。

你是否有过车在半路上抛锚，而让你有种想把车掀翻在路边的冲动的经历呢？不过你并没有那么去做。你克制了自己仅仅作为一个普通人的冲动，因为你知道如果你那么做了，那就是种自毁性行为。在那个年代，仅仅冲着别的司机大喊大叫都有可能让你丧命。对作为一个凡人的你，我是抱有信心的，你是不会故意到处去做出一些自毁性行为的。这也是我之所以不辞劳苦地向你解释不要做某些事情的原因所在，即那些你认为顺势而为而且合乎人之常情的事。对作为管理者的你而言，做这些事实在是种自毁性行为。

这并不是说我期望你的情绪可以像电灯一样开关自如。不过，当你意识到你对自己情绪的反应会损害你作为一位管理者工作的有效性时，我期望你会竭力改善这一方面。例如，你在上班途中收到了一张交通罚单，然后在从车里出来时踩进了深及膝盖的烂泥浆中，你该花点时间平复自己的情绪。对自己这样说："现在看好了，这些事跟那些为我工作的善良人们是没有关系的，那么我为什么要走进那里对他们发泄一通这种情绪呢？"接下来你该按惯常做法走进办公室。如果到此时你仍然无法控制自己的情绪，那么在走进办公室的时候对足够多的人说："我只是想告诉大家，因为我在上班路上吃了张罚单，再加上踩进了齐膝深的烂泥中，令我实在窝火，因此我今天的行为会有些怪异。"

以下是一位管理者改变自己行事方式的故事。

> 我已经有意识地改变了自己的行为，这样一来，如果碰上我情绪糟糕的时候，我便不会真正表现出来。每天上午我会刻意跟每个人逐个打招呼，对每个人都道出姓名，而不是匆匆以泛泛的"早上好"来招呼。现在我还会通过感激每个人的努力来认可每个人的工作。在过去，如果他们按规定完成工作，我通常都不做表示，只有他们的工作做得出色，我才会拍拍他们的肩膀。我很高兴地告诉大家，这些人的绩效有了显著提高，这对我来说是个意外之喜。我过去并未指望他们的绩效会有所提高，因为我觉得从长期来看他们的生产绩效已达到最高水准了。我觉得不能够再要求他们提高绩效了，因为我对他们的工作已经感到满足，而且我也不想因此疏远他们。在不对他们做出任何要求的情况下，只是改变了我自己的行为方式，员工的平均绩效便有所提高了。我还注意到一个现象，如果过了下午 5:30 的下班时间还没完成手头的工作时，有些员工会多待几分钟时间来完成手头的活。这种不计报酬的加班现象在过去从来就没有出现过，我只能将其归结为我改变自己行事方式带来的结果。

我在这里澄清一点，并不是所有工作时的情绪反应都属于自毁性行为，如果你的手不小心撞在文件柜上，我并不建议你把血淋淋的伤手夹在腋下，然后仍然心平气和、若无其事地继续工作。这时你大喊大叫、爆一些粗口也是非常合情合理的。同样，在取得成功（找到问题的解决方案、销售有了进展、消除了错误、按时或提前完成了计划等）时自然流露的喜悦情感也不是管理上的自毁性行为。

不过，如果因为疲倦或厌烦而不去做分内的事则是自毁性行为。事后诸葛亮或在员工绩效不佳时展示自己的雷霆之怒则是自毁性行为。如果你实在要发泄怒火，关起门来自己发泄；不要因为全发泄在员工身上而毁损自己的管理。对于一位管理者而言，顺势而为是种自毁性行为。

“自我发展”是一种毁灭性管理概念

管理者在跟员工的面对面谈话过程中失败的另一个原因是，他们把自己的员工从他们管理的资源范围中排除出去。在向管理者传授管理经验时，我常常要求他们列出他们所管理的资源。他们给出的清单通常是以下这个样子的：

1. 机械设备
2. 金钱
3. 原材料
4. 设施（楼宇）
5. 成品
6. 人员

人员之所以常常位列清单末尾，原因就在于管理者一般不把员工当作一种资源来看待。管理者甚至提出这样的问题，把人员看作一种资源是不是有点不够人性化。事情的真相是，许多管理者之所以在人员管理方面表现不力，原因是他们并没有把为自己工作的人当作一种资源来看待。因此，他们就不能把应用在自己所管理的其他资源上的规则运用到人员管理上。

例如，假设我是一座写字楼的管理者。我们进一步假设外面正有暴风雨在肆虐，这时有间房子的一个角落漏雨。雨水从天花板上流下来，打湿了地板。因为我负责这栋楼宇，你就找到我问："费迪，这个角落怎么漏水了？"我可能会以下列方式中的一种来答复你的问话：

"是这样的，屋顶老化了。你还能有什么指望？"

"是这样的，这是个廉价的屋顶。我们建这个屋顶时没花多少钱。你还能指望什么？"

"是这样的，这个屋顶设计很差。每当下雨时都会漏雨。"

这些都是非常荒谬的答复，不是吗？如果我的职责是管理这栋楼宇，那么你便会期望我采取一切必要措施来防止雨水进入。你会期望我主动寻求解决这个问题的各种方案。

我们另外再看一个情况。假设我负责管理某个生产部门里的一组生产设备。你是我的经理，你刚刚来到我的部门查看业务进展。这时你听到了一种尖锐的噪声，很像机器设备因为缺少润滑油而导致轴承烧毁的声音。你说："费迪，那边的机器出了什么问题？"我的回答可能为下列答复中的一种：

"是这样的，这是一台旧机器，你是知道的。你还能指望旧机器怎样？"

"是这样的，这是一台廉价机器，这你是知道的。在这台机器上我们没花多少钱。你还能指望什么？”

“是这样的，那台机器的润滑系统设计很差。我们拿到手时它就是这个样子的，轴承烧坏了。”

我确信你会再次认同我的看法，即那些答复是非常不合宜的。你会期望我采取必要措施，更换轴承并对机器做适当润滑处理。企业的通常做法是，如果我们公司购入了一台机器，事后发现它的润滑系统不是最好的或不能满足我们的要求，我们很可能会对它进行改装来使其正常运转。我们是会寻求变通方法来解决这个问题的。

我们再看一个例子。假设我负责公司的现金管理，当前我把 2 600 万美元现金存在一家全业务银行里，赚取每年 6% 的利息。今天我们收到在方方面面都跟这家银行相似的另一家银行寄来的一封信，只是该银行给出的利息是 7%。我的反应如下：

“天哪，看看，我们存钱的这家银行给 6% 的利息，而另一家给 7%。这难道不是个耻辱吗？”

这也很荒谬。最有可能发生的事情是，我们将 2 600 万美元转存到第二家银行里，除非有什么迫不得已的理由才不去这么做。

现在假设我手下的一名员工工作不力，而作为我的经理，你问：“费迪，出什么事了？那名员工为什么会工作不力呢？”我对这些问题的答复很可能是这样的：

“是这样的，那是名老员工了，这你是知道的。他在这家公司已经工作很长时间了。你还能有什么指望？对此我们已经无能为力了。”

“这是名低薪雇来的员工。在他身上我们也没花多少钱，就花了这么一点钱。你还能指望什么？”

“他天生如此，他的资格不够而且不会说英语。”

你多少次因为员工绩效不佳而听到过类似理由呢？如果这些被拿来作为员工工作不力的原因，还不令人感到荒谬的话，岂不是一件很奇怪的事吗？我们这里面临的理论困难是，相对于非人力资源的管理，管理者在人力资源管理中的做法自相矛盾。

在为其非人力资源方面的成败负全责的方面，管理者是没有什么困难的。事实上，在其他人承认失败的情况下，如果自己能够提高非人力资源的绩效，管理者对此还是引以为豪的。在实际工作中，管理者不遗余力地寻求解决非人力资源方面的低绩效问题的方法。排除障碍解决问题是令人产生自豪感的源泉之一。只有在最终判明再做进一步的努力只会得不偿失的情况下，管理者才会停止继续努力。也就是说，当使得该资源运作的投入超过替换该资源的支出时，这种努力便会停止。

与这种情况形成鲜明对照的是，在面对员工低绩效情况时，管理者只是尝试过寥寥几种方案，然后很快就罢手：“哎呀，这超出了我们的控制。这是该资源自身的过错，错不在我们。”而纠正人力资源的这种低绩效最适宜的方法看来似乎就是人员更换了。管理者这样做的一个原因便是，他们不知道还有什么可以成功开发人力资源的方法。另一个原因便是，管理者相信自我发展这种概念的正确性，在商业中这意味着：

“我们认为所有发展都是自我发展；我们和公司为你提供适合你个人发展的环境。我们还为你提供发展机遇，如果你不抓住这些机遇，那么失败便是你的主动选择，而不是我们的责任。”

这一信念使管理者先入为主地把对高绩效或低绩效的责任如数交到了人力资源自己手上。这跟管理者在工作中对所有其他资源的管理方式完全相反。例如，你走进上司的办公室里对他说，你一年前花了 60 000 美元买入的一台机器并不能真正满足你的要求，你当时买错了机器。你能想象这样一个场景吗？如果你跟我所认识的大多数管理者一样，那么这是你最不可能做的一件事。要承认这点是件尴尬的事，因为这将直接反映你的管理能力，让你的上司心烦。这甚至可能危及你的职业生涯。相反，虽说机器买来的时候没把好关，但你的做法很可能是不遗余力地把这台机器修好。可是，在涉及以 60 000 美元的年薪雇用一个员工而事后该员工又不尽如人意时，你又会怎么做呢？你直接走进上司的办公室里宣布：“我觉得查理干不来，我认为我们所雇非人。”而老板通常回答：“要更换他需要多长时间？”

为什么这种“我觉得所雇非人”的声音会持久回荡在企业界，使人可以逃脱责罚而且不觉得尴尬呢？承认自己在人力资源上的投资失策的时候，管理者为什么就不能跟他们在非人力资源投资中失策一样表现得忧心忡忡呢？

出现这种现象的原因之一便是，跟对非人力资源更换成本的计算方式不一样，各公司并没有真正计算出人力资源的更换成本。当一家公司计划购买一台新生产设备时，他们不仅计算购买和交付成本，还会计算所有人员方面的支出，包括对新设备操作人员进行培训直到其劳动生产率达到规定标准前的培训费用。然而一家公司在更换一项人力资源时，他们的成本计算却只包括雇佣费用和重置费用。当这项人力资源抵达公司大门时，他们便停止进行成本计算了。他们不再计算为了帮助新人达到绩效标准前所有人的时间付出。这个时间付出可能是 30 天至六个月之间的任何一个时间段。他们甚至也不把做出所有雇佣决策的人所花费的时间计算在内。

在学校教学中，我给MBA学员布置的一个作业便是要他们在各自公司里选一名最近被解聘的员工，并计算出更换该项人力资源的真正成本。结果中具有典型意义的是，有一位学员发现更换一名年薪65 000美元员工的成本竟然达到了60 000美元，这令他颇感意外。当被问及这些发现对作为一位管理者的他而言意味着什么时，他回答："如果我事前就知道这些，那么我愿意投入10 000美元来解决该员工的问题而不是再招聘一名了。"

因为了解到了刚才提及的这些结果，一位高管计算出了自己手下一名专业技术员工的更换成本。

更换一名年薪50 000美元的技术员工的预计成本（美元）：

1. 每服务满一年支付一周薪水的遣散费（10年）	9 615
2. 提前通知被解聘员工的通知期，四周（可以用于找工作）	3 846
3. 面试支出，八人，平均每人400美元	3 200
4. 面试官花的时间，12小时，时薪45美元	540
5. 员工入职培训（所有相关人员所花时间）	1 000
6. 重新安置费	15 000
7. 中介费，年薪25%	12 500
8. 项目熟悉时间（长达四个月）	11 538
合计	57 239

他就上述信息发表意见：

我一直在这个行业里工作，在这个行业里，设备就是产成品本身的生产工具。因此，我非常熟悉与维修及改装相关的风险回报率，以及与其相对的注销与更换费用。我极少对人力资源进行同样的考量，因为我觉得这好像太不够人性化，太不妥当，或者说这是一种在这里派不上用场的标准。

这一项目中计算出的人力资源更换成本之高令我深感意外。我极少把员工看作一项可能会花费 50 000 美元来加以更换的资产。我从来都没有想过要花费 15 000 美元甚至 20 000 美元来保留或改造这项资产。一个非常显而易见的事实是，鉴于整体更换需要高昂的成本，因此如果能够成功改造一名员工，那么即便这种改造支出达到其年薪相当高的比例，也是一件合理而且仍然有利可图的事。

下面是另一位管理者计算出的更换一名打字员的成本，她在入职 18 个月后被解雇。其更换成本（美元）如下：

1. 遣散费（两周）	910.00
2. 招聘广告支出	800.00
3. 主管面试时间费用	152.00
4. 经理面试时间（四小时）	98.90
5. 为了完成被解聘员工原有工作而需要支出的加班费（45 小时）	585.00
6. 新员工体检费用	100.00
7. 员工聘用程序所需成本	225.00
8. 非生产性薪水（新员工入职）	455.00
合计	3 325.90

这位管理者总结，该员工的主管此前只要把这种更换员工支出的一半费

用花在纠正原有员工的绩效上，即拿出 2～5 周的工作时间（每周 673 美元）来解决这名问题员工的绩效而不是解雇她，那么对于公司而言这仍然是件有利可图的事。

因为管理者没有意识到更换员工所产生的成本，因此在他们解决员工绩效问题时，一个合乎逻辑的方案便是换人。我们无法因此指责各位管理者，因为在更换员工时，常规管理惯例并未要求他们遵照同更换非人力资源同样的方式计算具体成本。事实上，在企业界里，当你解雇一个人时，你真正承受的损失要大于被解雇者。你的麻烦始于你发出“你被开除了”这句话之时。在新雇用人员达到同前任员工同样的工作能力之前，想一想自己作为一位管理者，要因为开除一名员工后为了填补这种职位空缺，而启动寻找合适人选、雇佣及培训流程而付出的诸多工作时间等方面的损失。如果你通盘计算了各种成本，那么你就会发现，在多数情况下无论是对自己还是对公司而言，改造在任员工始终是一种经济上更加合算的行为。

在对销售经理进行教练培训时，我会向他们提这样一个问题：他们是否曾在绩效低下的销售员身上花过一整周或两整周的时间来改造他们。听到这个问题时，他们毫无例外地笑了，看我时的神情好像在看一个傻瓜，然后他们会告诉我，他们也许会花一两天时间来尝试改造一名员工，但要花那么多时间来改造一名低效员工他们可承受不起。接着我又要求他们计算，从对一位销售员说“你被解雇了”到说“我觉得新销售员绩效达到正常水平了”时为止，他们自己所要花费的时间。这个时间包括解雇原有员工时要进行的档案处理手续的时间、寻找合适人选及雇佣流程中打的电话及面对面交谈的时间、用在处理暂时没有人负责的区域销售工作上的时间、新员工达到正常绩效以前的入职适应期及培训期。根据所销售产品性质及新员工是否有过类似产品的销售经验的不同，大家给出的时间有相当大的差异，不过合计时间大约为绝不少于新员工入职第一年中的 30 个工作日。我又向他们指出，如果他们把自己与一位问题销售员锁在一间屋子里整整一周来解决该员工的问题，他们可以解决许多问题，同时还可以为自己节省大量时间。采取过这种方法的销售经理在反馈中表示，这种方法对低效销售员的绩效提升之大令他们感到意外，此前他们认为这些销售员的绩效几乎不可能再有所提升了。在开除员工时，这些销售经理就相当于在说："我抽不出一周或两周的时间来帮助你改善绩效，但我却可以腾出 30 个工作日来换人。"当他们这样做的时候，他们手头可以用于管理自己销售团队中其他人的时间就只剩下 11 个月了。在其他条件相当的情况下，与手头只有 11 个月可用的经理相比，手头有 12 个月可用于管理自己销售团队的经理就会取得更好的销售业绩。

我在这里并不是要向大家推荐什么新的知识，我所做的只不过是告诉大家，在工作中要保持前后一致。现在你对自己的非人力资源的成败负全责，这要求你采取一切可能的措施来确保其良好运作。事实上，你会通过尽一切可能、克服一切困难以实现既定绩效来展现自己的卓越管理能力。我这里要强调的一点是，在管理人力资源时，你不能抛开这些至关重要的商业准则。你之所以这样做的原因就在于你就是发自心底地这样看待这种资源的。如果你认为这种资源必须以自己的力量进行自我发展，那么你就会期望其进行自我改进，而这会使得你放弃对这种资源的管理。这是一种自毁性行为。要做一位成功的管理者，你就必须对在自己管辖下的一切资源的成败负全责，而不仅是对你管辖下的非人力资源负责。

至此你很可能会自言自语地说："稍等一下。我的人力资源同非人力资源性质迥然有别。毕竟，我的机器不会顶嘴。你是在要我拿管理机器的方式管理我的人力资源吗？"

你关于人力资源同非人力资源迥然不同的看法当然是正确的。不过如果你的推理不想就此打住的话，那么你同样也会意识到，在你的非人力资源之间也同样存在着差异。你的财务资源当然跟你的设备资源迥异，你的设备资源又跟你的原材料资源迥异，诸如此类、不一而足。不过，我在这里并不是要谈论你管理资源的方式，我要谈的是你对这些资源的看法，这是导致你管理不当的原因所在。

要指望你拿管理非人力资源同样的方式管理你的人力资源是荒谬的。你怎么可能以管理机器或设备的同样方式管理自己的金钱呢？你不会给自己的金钱或员工加润滑油，但你当然需要给自己的机器上油。你不会在机器、金钱或员工身上盖石棉瓦，但你当然会在设施上盖石棉瓦。你管理每种资源的具体方式当然会依具体资源的特征而各异。你说自己的员工会顶嘴而其他各种资源都不会，这一点无疑是正确的，但这种会说话会讲理的特征对于你管理人力资源而言是一种优势，而不是障碍。只有在你不懂得该如何运用这种优势时，它才会转化成一种障碍，而本书的目的正在于帮助大家了解该如何运用这种优势。

这里想留给大家的结论是，自我发展这一概念对于个性发展而言或许是适宜的，但如果作为一种管理概念来运用，则是一种自毁性行为。这种概念跟你管理自己辖下所有其他资源时所运用的商业准则相抵触。如果你信奉资源必须进行自我发展的理念，那么你便不会对其施加影响，这从而会导致作为管理者的你做出自毁性行为。作为一位管理者，跟始终对自己的非人力资源负全责一样，你必须对你的人力资源的成败负全责。你是事关自己辖下资源成败的最重要因素。

第3章

激励/动机——你可以运用及不可以运用的各种理论

为了让大家跟我站在同样的出发点上，我想先向大家提个问题。假如你的一位下属今天找上你说：“请告诉我明天该做些什么才能激励我手下的员工提高产量。”你会怎么回答呢？在读下文之前用活页纸或便笺纸记下你的答案。

这是我常向参加我的研讨会的管理者提的一个问题，在回答问题之前，大家的沉默时间之长总会令人感到意外。更令人意外的是这些答复本身，答复不外是这些：

“深入了解他们。”

“跟他们谈心。”

“接近他们。”

“让他们知道你对他们的兴趣。”

偶尔会有人给出“丰富他们的工作内容”这样的答复，这个答复有一些实际意义，但是答复过于宽泛。很少有人会答复：

“为他们设定目标。”

“对他们取得的成就表示赏识。”

当你意识到被提问者都不是什么新任经理时，这种答复之少及其不切实际性就愈加令人意外了。这些人是来自各类公司的总裁、副总裁、董事及各个层级上具有丰富经验的管理者，他们谙熟当前流行的各种管理培训著作。这同一群人指出员工绩效低下的原因就在于缺乏激励/动机也就是件十分平常的事了，这个答复又顺理成章地把我们引导到下一个问题，即何谓激励，何谓动机？

于是经常就有由 25 位管理者组成的一群人一起花上 15 分钟，试图为激励/动机这个他们使用得那么随心所欲的术语下个定义。他们必定会敲定下面两个定义：

1. 激励/动机是你为了推动其他人做某事而做的事情。
2. 激励/动机是发生在人们内心，推动他们去做某事的东西。

对于一个如此深入地贯穿于管理培训中，而且似乎跟员工管理成败紧密相关的概念来说，人们没有能够就此形成更广泛的共识，实在是一件令人惊奇的事。在公司管理者参与了数量众多的管理培训课、能够如数家珍地谈论各种激励/动机理论，还能够找出员工出现低绩效行为的各种原因的情况下，他们为什么仍然无法列出激励措施中具体的、实际可用的项目呢？对部分理论的考察或许会带给我们一些启示。

需求层次理论

有种关于激励/动机的理论声称，人类之所以做事情是为满足其各种需求；也就是说，人类行动的目的在于满足他们自己的需求。因此，人类的需求被认为其一切行为的源泉。换句话说，需求驱动行为。又因为人在任何一个时刻都会有多种需求，那么最强烈的那个便是决定一个人当时行为的需求。

根据一位行为主义科学家的说法①，只要需求能得到满足，它就会激励人去行动；需求一旦得到满足，它就不再具有激励作用了。按马斯洛的说法，可以按在影响人类行为过程中的相对重要性，对驱动人类行为的需求进行分类并加以比较。他把这些需求按下列层次进行排列（见图 3-1）。当任何一个层次的需求得到满足后，下一个层次的需求就成了占主导地位的需求。

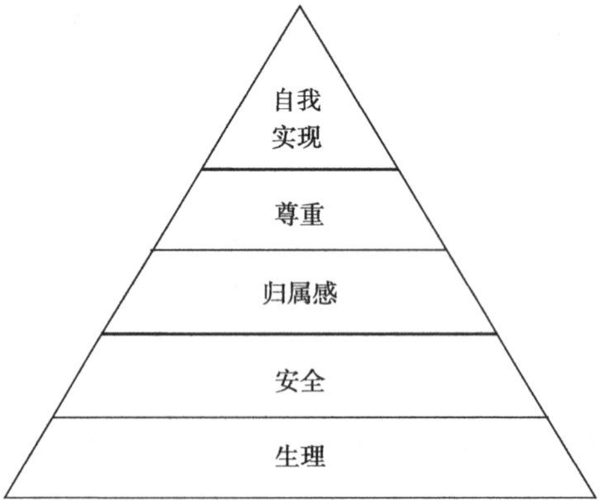

图 3-1　需求层次

① Abraham H. Maslow, *Motivation and Personality*, Harper & Row, New York, 1954.

按这个需求层次图所示，人类基本需求的第一个层次是跟生命本身相关的，如食物、服装及住宿等。在这些生理需求得到满足之后，下一层次的需求，即安全需求，便成了占主导地位的激励因素。这相当于生命自保的需求。这不仅是避免身体上受到伤害的需求，还包括在感受上没有危险的需求。

一旦这些主要为生理性的需求得到满足，那么下一层次，即归属感就上升为主导性需求。这种社会需求是指在身体上接近其他人，同时也是一种感受到被团队内其他人接受的需求。在归属感需求得到满足后，尊重就成了占主导地位的需求。这是个体以某种原因而被团体内其他人赏识为出众人物的需求，同时还包括建立在被其他人赏识基础上的自尊需求。

在尊重需求得到满足后，自我实现就成了占主导地位的更重要需求。马斯洛表示，这种需求难以描述。不同的个体对此有不同的描述，这跟不同个体对生活、人性及个体觉得任何能够最大限度地拓展个人潜能的那些事物的看法有关。在感觉到自己正在做自己生命中应该去做或实现的事情时，你便明白自己得到自我实现了。

尽管每个个体在这一层次上所处的位置千差万别已属于社会共识，而即使在前一个层次的需求没有得到充分满足的情况下，个体也仍然会向另一个更高的需求层次推进，但这个理论假设人们会因影响其行为的主导需求的不同而表现出具体的行为方式。例如，人们认为，对尊重的需求跟名望、权力、自信及控制有关。

在培训研讨会上，我向管理者介绍这个理论后，研讨会一结束，参与研讨会的管理者便常以为他们知道或有办法弄明白在自己手下某名具体员工身上居于主导地位的需求层次。他们进一步假设，他们会有办法找出在工作环境中能够满足该员工身上居于主导地位需求的因素。这么一来，面对问题员工的管理者会试图把需求的层次理论转化为具体行为，他们会通过与问题员工进行长时间的谈话以图深入了解该员工。这些有趣的谈话内容涵盖范围极广，从该员工在工作及非工作环境中的过去和现在的生活，到过往的种种沮丧、成就及抱负。管理者试图通过这些会话来探明在员工大脑里产生的种种需求。这里面有种假设是：如果跟员工谈话的时间足够长的话，上司就会有办法弄清楚该员工脑袋里到底在想些什么。

不过对管理者来说，这个方法有两个问题。首先，即使对于一名心理学家来说，单纯通过谈话便弄清楚一个人头脑里的想法也不是一件容易做到的事；而对于非心理学家人士来说，这即使不是件不可能完成的任务，也至少是一件难度极大的事。其次，即使今天你确实弄明白了一个人脑袋里在想些什么，你也不可能始终都能够知道这个人在想些什么。如果你想弄明白他下个月在想些什么，那么你就要再次扮演业余心理学家的角色了。我并不是在质疑马斯洛的理论是否有效，或能不能在心理学家的手里派上用场。我在这里质疑的是，作为一位管理者的你会不会用这个理论。作为一名教育工作者，我面临的问题是，我不仅要告诉那些参加我研讨会的管理者该做些什么，同时我还要告诉他们该如何去做。而且我也没有办法告诉管理者该如何在第二天把这个理论应用到工作中去，对此我没有任何成功的把握。因此，对我来说，把管理员工绩效工作中的面对面谈话技巧作为培训的出发点是不适宜的。在没办法讲给大家如何去做之前，我便无法告诉大家该做些什么。

X 理论与 Y 理论

大家也许对另一位知名行为主义科学家道格拉斯·麦格雷戈（Douglas McGregor）的学说耳熟能详[①]，他以把管理方法划分为 X 理论与 Y 理论而蜚声理论界。按麦格雷戈的说法，各种企业的结构都是在对人类本性及人性动

---

① Douglas McGregor, *The Human Side of Enterprise*, McGraw-Hill, New York, 1960.

机的某些假定基础上组织起来的。X 理论假定，大多数人觉得工作从本质上讲是种令人生厌的事，因此缺乏工作上的抱负、不愿负任何责任、喜欢被人领导；他们在解决企业面临的问题时没有什么创造性，而且他们把安全置于任何其他事物之上。接受 X 理论的管理者认为，人们受到金钱、福利及惩罚的威胁等事项的激励。接受 X 理论的管理者还认为，人们只有在受到监督的情况下才会工作；因此，最佳管理方法便是精确规划员工必须做的工作内容，告诉他们应该做的事情具体有哪些，对他们进行严密控制或采取强制措施以确保他们做好自己的本职工作。信奉 X 理论的企业管理者会设计出一种头重脚轻型的组织架构，公司里设有负责规划、决策及监督每名员工该做什么工作的许多层次的管理者。

麦格雷戈又提出了另外一个理论，即 Y 理论，该理论假定人们并不是天生懒惰或不可靠的，一个得到适当激励的工人是有能力控制自己的精力并将其应用于实现公司目标的。根据 Y 理论，如果条件理想的话，工作就会被看作一种跟玩乐一样自然的事情；人们的确有解决组织性问题的能力及创造性；如果激励措施得当，人们可以在工作中进行自我控制并展现出创造性，而且他们也的确希望在工作中做出良好的成绩。信奉 Y 理论的企业管理者会把信息分享给下属并把责任赋予下属，向他们解释要他们完成任务的原因所在，而且假定他们会对完成任务产生兴趣及具有完成任务的意愿。这类管理者还会花时间跟员工探讨问题，并就如何改进工作征询他们的意见和建议。

遗憾的是，那些自以为是在运用 Y 理论的管理者实则陷入了所谓民主管理模式的陷阱。他们会跟自己的员工开会，不但会解释为什么要做事，同时他们还会就该做什么及何时去做进行投票。在麦格雷戈看来，这种做法是对他的理论的误用、误读。商业组织是我们的民主体系中最不民主的一种组织。员工不会投票选举公司总经理，更不用说投票选举由谁来做自己的管理者了。就任何一位管理者所掌握的本部门与整个组织的信息，以及在组织内部与上一级及同级之间的关系而言，有些决策只有经理才能做出。就如何更好地完成一项工作而向员工征集意见与建议是一回事，而就是否要改变该项工作决策则是另外一回事。麦格雷戈强调，管理者必须负起管理职责，必须担负起做出那些只有管理者才有能力做出的决策的重任。

从麦格雷戈的X理论与Y理论的概念对比中，我们得出的最重要的结论不是关于员工的，而是关于管理者的：管理者为员工或为工人所做的一切都是由于他们对工人抱有某种信念的缘故。如上所述，管理者之所以没有在跟员工的面谈流程中取得他们应该取得的成功，这其中的主要原因就在于他们对员工抱有一些毫无根据的错误（自毁性的）信念。扪心自问这样一个问题，假如你发自内心地相信员工全都希望取得成功而且有能力取得成功，那么作为他们管理者的你是否会改变自己的行事方式呢？

满意与不满

另一位知名行为主义科学家弗雷德里克·赫茨伯格（Frederick Herzberg）在激励因素对非蓝领工人的影响领域做出了一些开创性的研究并取得了重大发现[①]。赫茨伯格在研究中获得的最有趣的一个发现便是，使员工感到不满的事物并不单单是能够满足员工的事物的对立面。根据赫茨伯格的发现，使员工感到不满的事物跟那些能够满足他们的事物全然不同。工作中引发满意或不满的因素或关系，因人而异，迥然有别。表3-1是赫茨伯格在早期研究中发现的使人满意及不满的几种因素。

① Frederick Herzberg et al. *The Motivation to Work*, Wiley & Sons, New York, 1959.

表 3-1　满意与不满因素

不满因素	满意因素
公司政策的执行	成就
监督	赏识
工作环境	工作本身
薪酬	责任

这一发现带给人们的重要启示在于，消除一种不满因素无法自动使人们产生满意感。如果你为员工消除了一种不满因素，那么作为管理者，你不应当认为自己从而也就创设了一种满意因素。你所做的只不过是消除了一种不满因素而已。

例如，赫茨伯格把薪酬的不平等列为一种导致不满的普遍因素。当你向两名从事着高度相似工作的员工支付相差悬殊的薪酬，或向两名从事着相差悬殊工作的员工支付极为相似的薪酬之时，薪酬上的不平等便产生了。你所做的便是创造了一种不公、一种不平等、一种导致不满的因素。这是一种普遍存在的不满因素，它跟你的公司究竟是所在行业里薪水最高的还是最低的这个情况并无关系。如果你采取适当的措施，通过完善的工资及薪酬机制消除了这种不平等，那么你只是消除了一种不满因素而已。

在许多组织里，另一种导致不满的因素跟管理者运用 YST 管理法（大吼、尖叫和威胁）有关。如果在你的公司里，这是一种导致不满产生的因素，你就可以采取措施消除这一点，教育管理者要对员工多微笑一些、多友善一些，不要动辄冲员工吼叫。如果你成功做到了这一点，那么你也只不过是消除了一种导致不满产生的因素而已。

同样的事情发生在工作环境上。你或许听到员工抱怨工作环境，说夏天过热、冬天过冷、室内脏兮兮的，而椅子又硬又破损不堪。如果你采取措施改善这方面的条件，使得工作环境冬暖夏凉，墙上重新涂漆，用柔软的新椅子替换旧椅子，甚至还在工作场所播放音乐，这样一来，你当然已经采取措施消除了导致不满产生的因素。不过，按照赫茨伯格的说法，你仍然没有创造出产生满意的因素或激励因素。在消除这些导致不满产生的因素时，你所做的只不过是把环境清理干净而已。赫茨伯格把这些消除不满因素的活动归结为改善保健因素。例如，设想你有个龋齿。如果你采取积极措施一日三次刷牙，或许你能够成功地防止龋齿恶化，你的口气也会变得更清新，但你的所有努力并没有填补或消除这个牙齿上的龋洞。

赫茨伯格把导致满意产生的因素称为激励因素，因为它们具有提高个体产出的积极效果。他发现，在满意因素中成就是最有效的单一因素。赫茨伯格称，失败不能激励人们，人们是受成就所激励的。对于某些人而言，微小的成就是激励他们尝试取得更大一点成就的动力。这种成就是一个人对他初次完成一件事，或比上一次所做的事有所进步这种现象在心理上的感知。例如，设想一个在每次尝试站起身时通常会摔倒六次的人。如果有一次他只摔倒了五次，那么他便可以在心理上把这件事感知为一种成就。这一成就则进一步影响这个人更加频繁地尝试站起身来，甚至尝试着走路。更大的成就（摔倒次数减少）则进一步转化为促使他尝试取得更大成就的动力。失败次数减少会促使人们改善绩效。

赫茨伯格指出，得到赏识是最有效激励因素中的第二大因素。这是指一个人在取得了某种成就后得到另外一个（些）人的赏识。例如，假设有一个人平时摔倒六次而这次只摔倒了五次，你跑过去对她说："嘿，你站起身的能力有进步了；你比平常摔倒的次数少了。"你对这种成就的称赞性话语便是赏识。

赫茨伯格说过，工作中的不满因素是无法作为激励因素对高水准绩效起到影响的。满意因素则被视为真正影响人们提高生产率的激励因素。如果成就与赏识是工作环境中最强大的激励因素的话，那么要提高生产率的一种行之有效的方法便是为每项工作提供更多的取得成就的机会，从而也给了作为管理者的你更多运用赏识激励法的机会。有道理，不是吗？

早在三十多年以前，赫茨伯格便就这个研究得出了结论，并把自己的发现发表出来。一个合乎逻辑的问题便是："有鉴于这些重大发现的发表，现在的企业界管理者会做些什么呢？"例如，如果说成就与赏识是最有效的激励因素并导致生产率提高的话，我们的管理者采用了哪些普遍性的方法来利用这种积极因素呢？答案是，极少或压根就没有。事实上，管理者的做法跟他的发现恰恰相反：管理者花费大量时间说服大家，说他们干得出色才是正常的——无论如何，他们所取得的成就都是预料中的，而这便是他们据以取得薪酬的原因所在。有多少次我们一遍遍地听到管理者说出类似下面的话：

> "我希望（某人）会变得成熟些，因为他每次解决一个问题后都要跑过来向我汇报一番。"
>
> "我们这里有些人每次做好一件事后都认为自己该得到一枚奖章。我希望他们能够认识到公司花钱请他们来就是为了让他们做好工作。"
>
> "如果（某人）不在每做好一件事情时便来请功，就棒极了。"

尽管赫茨伯格就该专题研究撰写的首篇论文发表于1959年，不过看来管理者一直对成就和赏识的激励作用视若无睹。

我在研讨会上跟管理者玩的一个游戏是，要求他们各自回忆自己手下的员工在过去90天里可能取得的成就数目。我还要求他们把可能发生在三个月以前但只是最近才被他们发现的成就也写下来。

在他们写出这个数字后，我又要求他们再想一个数字，即他们所做的某种可能被视为对该成就进行赏识的次数。接着我又要求他们对各自刚得出的这两组数字加以比较。没有任何人写出的两个数字是相同的。绝大多数人的第一个数字超过第二个数字的四倍。这意味着在工作中，员工每取得四个成就才有一个会得到管理者的赏识。管理者对这一结果感到尴尬，他们马上便为自己辩解，说只要自己意识到的话，便从来不会放过对员工成就表示赏识的机会。他们还抱怨，自己的日程安排很紧张，实在没有时间去四处闲逛，看看手下员工在干些什么。他们表示："这个理论是不错的，不过在现实世界中我们必须得投入对重要事项的处理中去。"这些管理者是在说，因为他们一直都在把全部时间投入提高劳动生产率中，因此他们就没有时间去找出员工取得的成就并对其表示赏识，因而也就没办法激励员工改善工作绩效。这听上去很蠢，不是吗？

我认识一位经验丰富的管理者，他曾跟一名员工就其心理成熟度进行过深入讨论，原因在于这名员工坚持不断在老板面前显摆自己的成就。这次会话内容大体是下面这个样子的：

> "你入职已经 18 个月了，而且工作也出色。你当然拥有我们聘请你时期望你具有的创意、经验及悟性。你帮助我们解决了许多问题，也在许多系统的设计中付出了心血，对这些我都没有异议。不过，我对你的心理成熟度和自信心感到很是担心。你看起来每次有了新主意、找到了我们面临问题的解决方案或对系统有了革新性想法时，总是很渴望我稍微表扬你一下。我认为，应该让你意识到，你的工作就要求你具有创新、寻求解决方案以及在方案实施过程中不断进行革新这类品质。我们知道你非常有创意，还有满脑子的好主意。这正是我们聘请你来这里工作的原因所在，这同样也是我们花这么大价钱聘请你的原因所在。你应当学会表现得对自己稍微更自信一点，而且你也应该意识到对于像你这样有出众天赋的人才来

说，你应当把具有革新性想法以及创意看作对自己的正常期待。我们当然把这些看作你的常态。我们喜欢你，我们也认为在这个岗位上聘请你是一项正确的决定。因此，你是没有理由感到这份工作朝不保夕的。如果你在未来继续做出像现在一样的业绩，你在公司里的长远未来当然就毫无问题了。加薪时候到了我自然会想到你的。不过，每当你想到一个解决方案的时候都表现得像个小孩子一样期望我表扬一下你，你应当停止这种浪费你的时间，同时也是浪费我的时间的做法。我们两个人都没时间在这上面耗。你没必要担心我们是否注意到你取得的成就。尽管看似有时候我们没有注意到，但我们一直都清楚事情的进展，而且会在事情偏离正轨时及时通知你的。”

这段话真正传达的意思是：“你为什么不回到办公室里，埋头工作，源源不断地提出那些好点子好方案。要记住一点，拿出那些好点子好方案对你而言只不过是正常绩效而已，而且这也正是公司对你的期望。”

一直以来我常遇见这样的管理者，他们总是试图避免对员工取得的成就表示赏识，他们会说：“噢，我们出去走一走。这时某某人走过来打算告诉我今天他做得多么出色。”这些管理者觉得这只是一种正常反应而已，是为了避免把自己本已忙碌不堪的日程搞到焦头烂额地步的做法。然而，实际上发生的事情是，这名员工在试图对管理者说：“老板，你瞧，我觉得自己取得了一些成就，所以我干劲十足了。你的赏识会让我全力以赴地取得更大的成就，你为什么就不对我表示一下赏识呢？”而管理者的答复则意味着：“离开我的办公室，小子，你惹烦我了。我没有时间来浪费；我忙得没时间来提高劳动生产率。”

一位管理者这样对我说：“因为我们都是公司里的表现出众的人才，所以我们极少因为某项工作做得出色而表彰一个人，因为我们都知道还有更多问题有待解决，而且活儿多得永远也做不完。”

打个比方，我们现在面临的局面是，有人（赫茨伯格）早就跟我们讲过，如果你在大家的右耳垂下面挠一下，他们就能跳过这一带最高的所有楼宇，可管理者还是要忙忙碌碌地刮擦着所有人的左膝盖骨。如果管理者有意提高劳动生产率，而且他们也知道了赫茨伯格的赏识是提高劳动生产率第二最有效的激励因素这个发现，那么他们为什么不多花些时间查明员工取得了哪些成就，从而有机会对他们进行赏识激励呢。例如，为什么第二个数字（对成就的赏识）不能达到第一个数字（所取得的成就）的 80% ~ 90% 呢?

管理者给出的一个理由是时间不够。管理者声称自己用于管理的时间不够。在过去十年中，我在研讨会上一直反复向管理者提的一个问题是，他们是否会亲手把工资支票交给手下的员工。只有半数甚至不到半数的人会这么做。通常是由经理秘书、薪资部门，或最糟糕的是，通过邮件把工资支票邮寄给大家。有些公司直接把工资打到员工的银行账户上。我问那些亲手把工资支票交到员工手里的管理者：“你们中有多少人会在把支票递给员工的时候说句‘谢谢你’呢？”一千位管理者中只有一位会这么做。其余人就像一位银行副总经理的看法一样，都认为我疯了。他问：“我为什么要感谢他们呢?我是拿工资支票给他们的人，是他们该感谢我。”这种说法背后的假设是，管理者交给员工的是一种馈赠，因此，员工应该表达出适当的感激之情。事实是，工资支票是因为员工的过往工作而必须发给员工的；法律规定你得这么做。如果你决定不这么做，将有法律手段强制你去做。你拿给员工的不是一种馈赠，而是他们履行了工作职责之后赚得的报酬。如果在过去的工作时间里你没有采取具体措施对员工的绩效表示感谢的话，那么发薪时间为你提供了一个向员工表达谢意的机会，即使他们所做的只不过是在过去这个时间段里每天出勤而已。

管理者不对员工成就进行赏识的另一个原因是他们自己也没有意识到自己所拥有的数量庞大的赏识形式。大多数管理者都认为真正对员工起作用的赏识形式唯有加薪、奖金或升迁而已。管理者没有意识到的是，一种主要的赏识途径便是发诸他们之口进入员工之耳的话语，例如：

"多谢。"

"看来做得相当不错。"

"我很感激你在那件工作上的所有付出。"

"感谢你在这么短的时间里这么辛苦地工作以完成这个任务。"

"你看来无疑比以前犯的错误要少多了。"

"我永远也没办法把这个活计做到像你这么棒。"

导致管理者没有在员工成就赏识方面的表现中取得更好成绩的第三个原因是，管理者对何谓成就抱有扭曲的看法。大多数管理者在意识到员工取得了卓越的成就时，会迅速对其进行表彰。管理者都准备好并愿意赏识那些赢得比赛或征服最高险峰的员工，表彰那些明白无误、显而易见的成就。不过该怎么应对公司里那些今天犯的错比昨天少一点的众多员工呢？例如，一个人过去在提交文件时总是要超过截止期限一天，而今天只超过了半天，她改善了自己的绩效，因而也就取得了成就。某人每次总是在某件事上浪费 1 美元，而今天只浪费了 75 美分，这便是成就，或者说有个人总会惹所有人生气，而今天他只惹得一半人生气，这也是成就。

管理者向我坦承，他们难以把错得少一点看作一种成就。有些人甚至向我坦白说，某人虽说少犯了些错但仍然失败了的话，他们觉得向其表示感谢是一件难以启齿的事。他们认为对失败中的改进表示赏识实质上就是宽恕失败（这里他们就有点扮业余心理学家的意思了）。这实际体现了两重困难。第一重困难在于，管理者无法把少错当成就。相反，成功者的成就是显而易见的。第二重困难在于，在管理者试图就错误犯得少向员工表示祝贺时，他们不知道该说些什么才不会让人感到语带讥讽、被人误解或产生尴尬。在失败员工显然因为失败而得到管理者的感谢时，管理者还对工作出色的员工会怎么看待这件事感到困惑。解决这个问题的方法是：不要因为人们的失败而感谢他们，而要感谢他们取得了更大的成就（后面我们还会深入探讨这个问题）。

下列指南有助于大家了解如何最有效地进行赏识性评论。

1. 你的评论应当是积极的：谈论成功率而不是失败率。
2. 评论应只描述行为。
3. 评论应紧随成就，在成就出现后便做出。
4. 如有可能，评论应包括该成就所带来的商业利益。

下面是一些成就情景及可能的赏识性话语。

情景 1 在查看了汤姆过去两个月的出勤记录后，你发现他在每周一那天都会迟到 15 ~ 20 分钟。你在周五就这件事跟他谈了一次话，要求他按时来上班。下周一他迟到了 2 分钟上班，这时你走到了他的办公桌边上。

赏识激励 “嘿，汤姆。我发现你在努力解决迟到问题。今天你有了大约 90% 的改善。继续改进下去，这样你就能帮助我们达到迟到次数每月不超过一天的公司标准了。”

情景 2 午餐时间结束后经过萨丽的工作台时，你发现她在过去五天里有四次不在岗。你就此跟她谈话并搞清楚了她不在岗的原因跟工作无关，于是你要求她在午餐时间结束后立即回到工作台边。第二天，再次走过她的工作台进行检查时，你发现她午餐时间一过就返回到工作台上进行工作了。

赏识激励 “萨丽，感谢你一吃完午餐就回来工作。这样做会有助于消除因为无人应答电话而造成的投诉问题。”

情景 3 在过去一周内，你发现弗莱德在处理某项具体任务时两次违反过去他通常会遵守的公司规定流程。你提醒他必须遵守公司规定流程。你下一次见到他时，发现他正在遵照公司流程工作。

赏识激励 “嘿，弗莱德。我发现你已经按我们商定的流程操作了。多谢！这会有助于提高我们的工作流程在公司里被大家接受的程度。”

情景 4 凯西是你手下的一位主管，你偶尔会指派凯西去解决一个特殊问题。你总是告诉她要及时向你通报她的工作进展。你知道她通常会解决这个问题，不过却不怎么向你通报自己的工作进展。在把这个问题跟她说明两个小时以后她便跟你联系，向你通报了她手头正在处理的问题的进展。

赏识激励 “凯西，多谢你及时向我通报你的工作进展。这一点会在我的上司向我询问工作进展时帮上忙，这会避免到时让我表现得像个一问三不知的白痴。”

情景 5 在员工会议上，霍华德常常会讲一些跟会议日程毫不沾边的信息和事情。你笼统地要求大家在发言讨论时要围绕着会议议程进行。在这次会议余下的时间里，霍华德在他的发言中只讲了些跟议程有关的信息。

赏识激励 会后你私下对他说：“霍华德，多谢你把自己的发言内容限制在对议程的评议上，这帮助我们把探讨内容维持在既定议程上。这使我们可以尽早结束会议。”

大多数管理者都认为对成就的赏识激励就是把奖牌挂在那些赢得竞赛者的脖子上。把奖牌挂在获胜者的脖子上是件易如反掌的事。事实上，在企业界里，不管你有没有出手相助，总会有人（卓越之士）取得成功。可是，管理并不是扮演一个记分员头目的角色，记分员只需把奖牌挂在获胜者的身上即可。管理是在竞赛过程中施加一些会影响比赛结果的事项的一种活动。

所谓管理就是在竞赛过程中找出那些从来没有赢过比赛，但在跑第一个100米的时候跑出了自己以前未曾有过的成绩的选手。这时进行的赏识激励会影响他们在第二个100米中的结果，从而最终影响终点线上大家的位次排名。管理是在竞赛过程中采取一切可能措施使所有员工都拿冠军的一种活动。如果赫茨伯格——人们受到小成就的激励从而追求更多的小成就——的说法正确的话，当员工失败率下降时管理者就应当对其进行赏识激励，从而可以激励他们加倍努力、减少失败。

当管理者尝试对员工成就进行赏识激励时，他们常常惊讶于这种做法立竿见影的功效。

案例1 最大变化发生在我此前认为拒不合作且抱有敌意的某名特定员工身上。每次给他分派任务时，他都会这样或那样地把工作搞砸。当然，他同样也受到了无情批评，这是他罪有应得。他在公司里的位置使我改进他的工作比辞退他并雇用一名新员工然后从头做起更有利，这值得我努力尝试一下。

我改变了自己的做法，我开始在他做好一项任务后便表扬他，确保表扬的力度大于我就他做错事情而给出的批评的力度。同时我还会在大家面前特地点名表扬他，这样一来大家便不再觉得他是个一无是处的失败者。有些时候我会让他和做同样工作的同事搭档工作，这样他便能就自己在工作中的绩效得到即时反馈，而在过去我总是要等到任务完成后才跟他一起检查工作。现在我会在他工作进行中的时候走到他办公桌前，检查一下他的工作，如果发现他做对了，就表扬几句。

我现在发现，通过对他的工作表现出更大的兴趣，再结合多表扬少批评这一做法，他的工作效率有了显著提高。他工作中的错误数量也已经减少，事实上他正在要求新任务呢。这名员工仍然有相当大的改进余地，不过我已经让他走上了正轨。

案例2 我的秘书负责撰写一份内容很复杂的月度报告。多年来我一直把这份报告看作她日常工作内容的一部分，平时我一般只是快速扫一眼然后便说："行，发出去吧。"这一次我当着她的面非常仔细地把报告读完了，然后夸奖她工作做得出色。我感谢她把报告制作得如此形式整齐、内容有序，不需要做任何润色。她的反应令我吃惊，她说道："谢谢你这么贴心的夸奖。"我还发现，在这一天随后的时间里，当我需要咖啡的时候，我的咖啡杯里总是满的，而且她也变得更友善了。在随后几天里（而且我将继续这样做下去），我刻意对她的某些出色工作表示感谢，而不仅是对那些超出正常标准之上的工作才表示赏识。

案例3 我们的维修部一直没能督促我们所租赁楼宇的房东解决某些问题，最近几周来我变得非常不耐烦了。上周，我的维修部主管提交给我一份公证书，这是他制作出来交给房东向其建议由我们出钱对楼宇进行维修，然后再从楼宇月租里抵扣的文件。我对主管制作这份公证书表示感谢，并对他说，我觉得有了这法子我们就肯定可以解决这个问题了。回忆过去的做法，我见到这种公证书后总是会说："该是时候督促房东一把了。"主管于是对我表示感激，自此以后他先后三次找我通报进展。他最近一次找我是来自豪地宣布这件工作已经完成。我再次对他的出色工作向他表示感谢。

案例 4 我们有一位入职大约六周的统计员。每周一她都要制作一份汇总全国数据的周度销售报告，制作这份报告大约需要五个小时的工作，而且不容有任何差错。在开始数周内她出了相当多的错误，这让人怀疑实际销售额及产量的可信度。我每周都会跟她谈话，向她指出错误并告诉她这件工作的重要性，同时还告诉她我不能容忍错误。第五周，我在她的报告里只发现了一个无关紧要的小错误。那时我刚上完你就成就与赏识专题所开设的研讨会课程，我很快找到她，对她的细致工作表示感谢。我很不经意地提及这份报告中唯一的错误所在，并对她出现这一差错表示能够理解。我花了一分钟时间教她如何纠正这一错误，在我离开时，她对这一切表示感谢而且脸上笑开了花。在刚刚过去的这个周一，她提交的报告中没有出现任何错误，我迅速对这一成就表示赏识，认为她这项工作已经能够做得得心应手了，我对她说对此很是欣喜。

案例 5 我们企业从事的行业是超市业，每个月我的两大子公司管理者会召集各自的卖场经理开会。开会时我通常会对这些经理讲 30 分钟，向他们通报当前形势以及我对他们的期望。今年超市业不景气，迄今为止我们的业绩不容乐观。上周我们拿到了最近一期的业绩损益表，虽说称不上令人叹为观止，但已经显示出业绩有了相当起色。虽说我通常会牢骚满腹，讲清楚如果业绩没有改善，我们都得完蛋这一事实。但在这一次，一开场我就向在上一个财务阶段里业绩有了改善的十家卖场经理道贺。我点明了他们这几家卖场在毛利及成本控制等多个方面有了改善。他们脸上的表情足以表明我的方法用到点子上了，不久就有一位卖场经理举手要求发言，她说这种改善才刚起步。她的发言引得其他经理议论纷纷，大家谈论了各自卖场里已经采取的各种措施，以及要在下一阶段采取的提高利润的措施。在过去，当我报出这种不利消息后，经理们是不会有这种参与讨论的热情的。过去的场面通常是，大家一言不发，而我则一个人滔滔不绝地包揽会议发言。我发现，在运用了赏识激励法后，我甚至不必提问就可以让大家参与讨论。他们会主动提出提高利润率的解决方案。我从中得到了一个重要教训：大家都喜欢自己的成就得到别人的赏识，不管这种成就有多么微不足道。

案例6 在开始对人们就他们所做的工作表示感谢后，大家跟我进行公开探讨的积极性就提高了，过去我常认为这些事情是他们正常工作的一部分，而且认为他们做这些事情是理所当然的。事实上，在过去只有被我叫到的时候才会到我办公室里来的两位经理这时开始经常来找我讨论他们职权范围内的事情。他们会就一些过去他们可能会觉得在我面前提起不大自在的问题征询我的意见。我坚信，坚持改变自己的行为可以在提高员工劳动生产率方面大有作为。始于两周前的这一实验从此会成为我日常活动的一部分。

如果成就与赏识是最有效的两大激励因素，那么作为管理者的你想要提高劳动生产率，就应当做好以下事情。

1. 走出办公室，这样才能发现更多的员工成就。
2. 要保证一旦发现员工做出成就后就及时对其进行赏识激励；一句话的电子邮件就可以了。
3. 把少犯错误看作成就，并对其进行赏识激励。
4. 制作一个清单，列一列自己可以利用的赏识激励方式有多少种。

5. 在跟员工谈话时，留意自己措辞中正面话语与负面话语的比率，并提高正面话语的比例。

6. 每天把自己手下每名员工的姓名简写记在日历上。然后在每天回家前在那些取得了一些成就的员工名字旁边打一个“✓”，然后把你已经进行过赏识激励的员工名字圈起来。然后再重复第 1 ~ 3 步以增加“✓”和圆圈的数量。

人与人是不同的——不过这一区别在商业中有什么意义

管理者在跟员工进行面谈时面临的一个理论障碍是，他们从书本及研讨会上得到的是千篇一律的劝诫，即他们要认识到每名员工的不同，并要按照每个人的差异对大家进行区别对待。通常这种说法会伴以对整个人口群体中性格异常现象的解释。据说，掌握这种性格异常会帮助管理者找出个体间的性格差异，并相应地采取不同的管理措施。从关于人类心理复杂性的浩如烟海的文献描述看，这种说法似乎合情合理，不过这让我产生了一个大大的疑问：“难道要在企业里管好员工，管理者就一定要像心理学家那样懂那么多吗？”对我而言，这似乎是个大问题，因为如果对这个问题的答案是肯定的，那么我的下一个问题就更难回答了：“要是不拿个心理学博士学位，他们如何能够做到这一点呢？”

我们进一步探讨一下管理者是否真正跟心理学家面临着同样的问题。例如，设想一幢写字楼，有 2 000 人在里面工作。假设你和我可以用某种方法迫使这 2 000 人一个接一个地通过同一扇门走出这幢写字楼，这时太阳已落下去了，而且周围有点看不清了。与此同时，你和我躲在离他们通过的那个出口很近的一片灌木丛后面或一辆车后面。在每个人从那扇门里走出来的时候，你和我都从藏身处跳出来举着枪大喊：“站住！”

现在假设我对这同一批2 000人每人都照样来上这么一次，你认为我们会得到2 000种不同的反应吗？答案当然是否定的。有些人会晕倒，有些人会拔枪射击，有些人会乖乖地交出自己的金钱，有些人会哭喊，有些人会搏斗，而有些人则会尿裤子。当然，会有些人兼有几种反应，例如，交出现金的同时尿了裤子，或挥拳相对的同时尿了裤子，诸如此类。或许会有25或30种不同的反应，但不会有2 000种不同的反应。为什么呢？如果每个人都不同的话，为什么就不是2 000种不同反应呢？

很可能你早就猜到答案了：不可能出现2 000种不同的反应。因为你和我已经限定了环境参数，我们限定了可能出现的不同反应的数量。如果我们把同一批2 000人关在电话亭里（一次一个），那么他们可能做出的不同反应的数目甚至会更少。

我们再进一步假设一下：我们选取同一批2 000人，每次从中挑出20人放在加勒比海中某处的救生艇上。我们假装他们乘坐的邮轮刚刚沉入大海中。他们中某些人必须划桨，有些人掌舵，有些人捕鱼，有些人接雨水，而有些人则要迎头击打海鸥的头部然后抓海鸥来做午餐。在一切就绪之际，有个人跳出来说："我要跳舞。"接着便跳起舞来。

现在你会怎么做呢？你会拉这个人坐下来，试图通过跟他聊他过去的生活及工作经历以求加深对他的了解吗？你会跟他讨论他的家族背景、他是更爱爸爸还是更爱妈妈、他的兄弟姐妹们是些什么样的人、他小时是否有许多玩具玩吗？你是否会尝试了解他的生活中有哪些不如意之事、哪些成就以及什么样的抱负吗？抑或你最有可能采取的做法就是，指出他可以从划桨、掌舵、捕鱼、迎头击打海鸥捕猎或接雨水中选择一样事来做，但跳舞不在选项之列呢？

我们假设你既跟他谈了心又给了他选择，但这个人还是坚持说："我就是要跳舞。"然后继续跳下去。你是会继续就他的人生、抱负跟他谈下去呢，还是会说："你可以做我刚才提到的任何一种事，但跳舞不行，因为跳舞会摇翻小船。如果你不停下来的话，我们会把你扔下海或绑起来扔在船底。"

在救生艇这样的环境中，对于船上的人来说，稳妥可行的适宜行为数目有限。如果有人坚持做出不恰当行为，那便极有可能殃及自身及同行的人。船长或首领手中的备选项并不多。

之所以用这个例子，原因在于商业和救生艇之间有着相当大的相似性。没有任何一家企业的名号是被哪一位神祇亲手镌刻在苍天上的："不管沧海桑田，这家公司将永续存在。"反过来说倒是有道理的："一家企业只有在坚持不懈地做那些生存所必需的事情的情况下才能存在下去。"每年都有一些被人看作本来会永续存在下去的公司因为经营失败而倒闭的新闻。

这种现象出现的原因在于，这些企业不再继续做他们生存所必需的事情：它们赚不到钱了；它们生存不下去了。你们的公司是一艘救生艇，如果不是人人都干正经事，它就不会继续存在下去。你所管理的分支、部门或小组是一艘救生艇。如果你和自己的员工不做正事，那么你和他们就无法存续下去。

心理学家在想象人类的处境时，把人类想象成身处子宫里；他们是从相对于其所处的全部环境来考察人类的，包括父母、配偶以及子女；他们睡眠时在做什么，清醒时又在做什么；他们的生活、爱、工作、喜悦以及悲伤。对于心理学家来说，理解人类个体的复杂性永无止境。幸运的是，管理者要解决的问题跟心理学家所面临的问题不同；也就是说，心理学家试图按相对于其所处的全部环境来理解人类，而管理者面临的只是在工作环境——他们的救生艇里——这个有限环境中处理人类行为的管理问题。

一个人来到你的公司求职时说："我想加入贵公司。"她的真实意思是在说："我想上你们的救生艇。"这里面的隐含协议（不管有没有书面形式）大体是下面这个样子的。

她：只要你签给我一张不会被拒付的支票，我就会照你的吩咐做事。

你：我会告诉你该干些什么，给你一些工具，你要注意避免在工作中受伤。

在雇用员工时，你买进的不是人们或他们的身体，或他们的大脑，或他们的价值观。你只是租用了他们的行为。这种行为可能是挥舞扫帚、处理文字、提出理念等诸如此类的行为。你公司里每项待完成的工作都是具体行为的集合，如果该员工做得正确，他便为该项具体工作的顺利完成做出了贡献。反之亦然，如果一名员工没有按某种方式正确处理某具体工作，他就没有为完成该项工作出力。

在商业中，构成任何一种工作的适宜行为都是具体而有限的。也就是说，如果员工以某种方式行事则其行为便是适当的，而如果他以其他方式行事，其行为便是不合适的。而且因为任何企业中的大多数工作都是相互关联的，任何一项工作做不好便会导致其他工作被延误、失败或导致糟糕的客户服务。人们终其一生可以做出无数种对其生存既不会有建设性影响又不会有破坏性影响的行为。换言之，人们在工作之余可以做一些令许多人为之侧目的怪异举动，但这些举动并不会导致他们身陷囹圄。不过在商业中，做任何一项工作的可供选择的适当行为数目总是有限的。如果要把工作干好以取得既定商业业绩，则可供员工从中选择的行为选项数量并不多。

人们在到你公司求职时，他们就在事实上提议要按你愿意支付薪水的方式限定他们自己的行为选项了。当一名员工说："我不愿扫地，我不愿操作计算机，我不愿按时上班，我不愿按时完成报告，我不愿拜访新客户。"他的意思是在对你说："我要跳舞，我拒绝按此前我提议租给你的行为去做。"

管理者问我，当员工在就如何做一件工作面临有限选择，而他们又要求享有自由选择权利时，作为管理者该怎么应对。我告诉他们，谈话应该这样进行。

员工：不过我的民主权利呢？

你：这个国家或许是民主体制的，但这家公司不是。国会没有通过法律规定员工就如何工作进行投票。而且员工不会投票选举管理者。此外，你在求职的时候我不记得你说过只有在按自己的方式做事时才工作。

许多员工认为，在选择如何进行自己的工作这一方面他们应该享有很大的自由度，但他们的选择却常常跟工作中所需完成的事项发生冲突。你必须帮助员工理解企业界的游戏规则。

员工：你想让我怎么做这件事？

你：你可以从这两种方法中任选一种。

员工：哪一种更好呢？

你：我们找不出两者的差别，两种方法都很棒。

员工：你的意思是你并不在意我怎么完成这件工作？

你：只要你选择的是这两种方法中的一种，我们并不在乎你是怎么做的。

员工：另一件事你想让我怎么做？

你：你可以有四种不同的方法去做。

员工：我喜欢这第五种方法。

你：这里的所有人都喜欢第五种方法，但我们这里不能用第五种方法。

员工：可是我觉得第五种方法轻松些。

你：这种方法或许会轻松些，可是这种方法却无法取得我们所需要的结果，因此我们这里不用第五种方法，我们这里只有四种方法。

员工：可是假设我有个第五种方法，比你们的四种方法都好，你不想要新主意吗？

你：我们都爱新主意。我们会研究一下你的新主意并对其进行测试。如果可行，我们就有了五种方法，但与此同时我们现在有的只是四种方法加一种待测试的方法。

员工：你的意思是说我没有选择？

你：你当然有选择，你有四种方法可以从中选择。

员工：我不喜欢按你的方法做。

你：那没关系。

员工：你是说我可以不必按你的方法做吗？

你：不是的。我的意思是你不喜欢我的方法没关系。做不到喜欢它没什么，就我在这里工作的这段时间，我认识的人中没有谁喜欢它，不过大家一样干得很出色。

如果员工拒绝按某具体工作规定的特定方式工作，这时他们便陷入了自毁性行为之中。如果你的部门的成功系于他们的行为，则他们的不当行为对你的部门便是毁灭性的。如果你无法制止他们的这种自毁性行为，你便同样陷入了自毁性行为之中，你这艘救生艇的存续便处在紧要关头了，而你，作为船长也处在同样的生死存亡关头。

有一种管理误区便是认为管理者的行动完全自由。跟任何其他工作一样，不但每项管理工作是由具体的适当行为构成的，而且随着管理工作层次的升高，其行动的自由度也相应降低。更为重要的是，员工的行为对管理者的行为选择有着直接的影响。如果员工做好了本职工作，管理者就拥有正常的行为选项范围。如果有员工说“我不做”，则管理者的选择范围就因为员工的行为而受到限制；管理者的行为必须转向处理该员工拒绝工作这件事。

这样向员工解释是可行的：“你瞧，如果你做好了自己该做的工作，那么我就会有许多对你有利的选择。我可以在给你分配任务时给你选择的余地，给你出具良好的评价，给你加薪、休假、额外培训，如果你有意还可以给你调换工作，写升职建议，以及给你股票期权。不过如果你不做自己该做的事，你就把我逼进了死角；我的选择就没什么余地了。我必须批评你、给你不良评价、降你的职、取消带薪休假，甚至解雇你。我跟你一样在这里工作，我必须采取措施纠正这一问题，否则我就有麻烦了。”

总而言之，人们之间尽管有种种不同，但管理者没必要按心理学家那样的处理方式去应对这一事实。管理者的工作不是管理人，而是在商业环境的有限变量下管理人的行为，这比一个人全部生活的方方面面要有限得多。人们在接受了你公司的雇用之时，他们便选择了放弃按自己的喜好来标新立异的权利，因为他们需要你向他们支付的金钱，前提是他们按你希望的特定的方式行事。做好任何一种工作的适当行为都是非常具体的。员工（在该员工工作中）、你的部门、你以及你的公司的生死存亡系于员工能否做好存续所必需的特定事项。如果员工没有做好该做的事，他们便陷进了自毁性行为的泥潭。

把雇佣关系解读为行为租赁协议并不是管理学界热议的另一个令人激动的术语；这只是关于一个简单关系的浅显事实，只是这个浅显事实已经被大家搞到复杂得难以辨认其本来面目，而且达到了超出我们控制的地步。你可能会说：“听上去像是对这一关系切合实际的理解，不过大多数员工却不会这么看的。”

当然，你是正确的；大多数员工并不会这样看，这是因为你没有花时间向他们解释过商业生活的事实。企业之所以要雇用人员，就是因为我们没有可以干这些工作的机器。你或许会说人们做的是本该由机器来干的工作，只是机器还未到来而已。在商业中，如果一台机器工作的业绩超出了其维修保养成本，则使用该机器便是有利可图的。员工也是同理。任何商业资源对业务的贡献均须大于对该资源的维护成本。如果一名员工的保养成本等于该员工对该商业的贡献价值，这种关系便成了一种慈善关系。

如果你希望自己公司里的多数员工理解企业存续中的盈亏情况以及员工与工作的实际关系，那就教给他们关于企业盈亏的知识。为什么只有在行政大楼里的人或财务部门的人才可以听到盈利与亏损这样的字眼呢？在雇用员工的时候便向他们说明，你只租用他们的行为，不是购买他们的身体或灵魂，然后便专注于管理人们的行为，而不是管理人们。

当然，把雇佣行为认作行为租赁协议消除了员工抱怨不喜欢所从事的工作这一现象带给管理者的一些棘手难题。这样一来，再向员工解释不喜欢自己的工作没问题，但不喜欢做自己该做的工作就不行这一道理就很容易了。你可以解释，大多数工作的本质就是重复性的，因此如果你从事一项自己喜欢的工作，你将不得不经年累月地干着这项工作，最终结果是你会不再喜欢这种工作了。不过，只要你把工作干好就没问题。有些最引人入胜的工作也终将变得无聊、枯燥、令人生厌，这便是我为什么必须给大家发工资的原因所在。如果大家真的享受你公司里的所有工作，那么你可以称其为游乐园，并向进入公司的人收费。可是因为大多数人宁愿干别的也不愿干工作，因此你就必须花钱让人干活。因此，期望人们做你出钱让他们做的事情就合情合理了，虽说大家并不享受做工作或不喜欢这种工作。这跟人们在生活中做所有从中得不到乐趣而且无钱拿的工作是同样的道理，如换尿布、锻炼身体，以及对一些自己并不喜欢的人表示友善。

不过重要的是，雇用人之前先要给他们一份构成他们工作内容的行为清单。有一位女士被一家公司聘作邮件室工作人员，第二周她被告知轮到她扫地板了。她拒绝做这一任务，声称自己是以邮件室工作人员的身份进公司的，不是清洁工。她的主管向她解释邮件室的打扫工作是由所有工作人员轮流负责这个情况也无济于事；在入职时没有人告诉过她这一点。她在接受这种行为租赁的时候没有拿到一份完整的行为清单。这是一个常见问题，在人们说“那不是我的工作”或“你在要我做超出我分内的工作”或“如果你让我做那件事的话，你就没有支付给我足够的薪水了”这类话语时，这一问题便浮出来了。

你可以通过以下方法纠正这一问题：让现有员工写下他们认为自己该干的工作，同时你也写下你认为他们该干的工作，对比一下两份清单，然后为每项工作拟定一份行为租赁清单。不过这里面的关键词是做事情。责任不是行为；写下人们为了履行一项责任而必须做的工作。同样，也不要把目标包括在内，因为这不是行为租赁清单的一部分。目标描述的是你期望员工在规定期限内履行了标准工作行为之后取得的结果。例如，“驾驶飞机”为工作内容，而目的地和到达时间为目标。一旦拟定好行为清单，以后你就不必重复这一工作了，除非工作变了。一旦列出了行为清单，你便已经描述出什么是完美工作绩效了；按这些行为去做是合格绩效，不按这些行为去做便是不合格绩效。

第4章

心理动力法以外的选择

管理者学到的绝大多数人员管理理论技巧都是基于心理动力学这一学说发展起来的。该学说假设人类是惰性有机体，只有在被需求或欲望推动或拉动的情况下才会有行动。

管理者从中学到的是，如果你要理解人们为什么会做事，你就必须首先理解他们做事的动机。进一步说，如果你想改变人们的行为方式，你就必须首先改变他们的动机。该学说假设动机方面的变化会导致一个人的行为发生变化。如前所述，这就把管理者放在扮演业余心理学家角色的位置上了。令所有管理者开心的是，除此之外还另有其他方法可用。这一替代方法来自乔治·A. 凯利（George A. Kelly）博士，他在俄亥俄州立大学任临床心理学专业教授兼主任 20 年。

按凯利的说法，只有在相信人类具有惰性的情况下，我们才需要一个理论来解释人类行为的动机。反之，如果我们根据人类是活生生的有机体这一事实而相信人类是活跃的，我们就不需要有个理论来解释为什么人类会有种种行为，因为人类自始至终一直都是活跃的、一直在行动着的。在一篇名为

“Man’s Construction of His Alternatives”[①]的论文中，凯利描述了自己作为一名服务于堪萨斯市学校的心理学巡回医师的一些经历。他描述了自己遇到的一位老师，这位老师向他抱怨一个学生很懒惰，他于是进一步诊断这个学生是不是真正懒惰。如果花的时间够多的话，他们通常就可以找出一些可以佐证任何一位老师的抱怨的证据。不过凯利最终发现了一个被他称作排中律（The law of the Excluded Middle）的规则。该规则暗示，你一旦给某物取了名字，则你面临的只有两种选择，即它是或不是你所命名的那种事物。当一名老师称一个学生懒惰时，诊断者面临的选择只有去查明该学生究竟懒惰或不懒惰。凯利表示：“当老师称学生懒惰时，我们看该学生就好像这种说法是真的一样。不过问题是，说学生懒惰的是老师而非学生。”

以下的例子可以用来阐释这个规则：我们假设你和我身处一个坐满了人的屋子里，这时我指着你左脚上的鞋说“这是一只内向的鞋”。由于我把这只鞋叫作内向的，因此人们假设出于某种原因这只鞋该为这个称号负责，或许我们甚至可以更深入地考察一下它究竟是不是一只内向的鞋。而事实上，在描述你的左脚上的鞋时，内向甚至不是一个恰当的词。注意，既然是我把你的左脚上的鞋叫作内向的，那么我们为什么要考察鞋而不是考察我呢？把内向这一标签应用到这只鞋上的是我，那么为什么我们要假设，因为我这么说就使得它成为我口中所说的事物了呢？

这一概念使得人们意识到，因为人们的行为而给他们贴标签并不必然使得他们成为我们口中所说的那种人。对管理者而言，重要的是这使得他们意识到这种给人们贴标签的行为不是在解决问题，而是把人们带上了一条歧路。例如，管理者观察问题员工的绩效并给他们贴上标签（懒惰是个好例子）。在现实世界真实发生的情景里，我们观察那些我们认为应该做某事而事实上并

---

① Brendan Maher, *Clinical Psychology ane Personality*: *The Selected Papers of George Kelly*, John Wiley & Sons, New York, 1969.

没有做的人们，因为我们清楚地知道这些人明白自己应该做某些事情，因此我们认为他们没有去做这些事情的一个显而易见的理由便是懒惰。我们把懒惰解读为某些人与生俱来的或是因为某种社会影响而患上的某种“疾病”。因为管理者像这样给员工贴上了标签，他们便可以把懒惰理解为低绩效的原因了。

人们不会故意做蠢事

凯利的下一个重大发现来源于他跟被老师认为“不合作”的学生们的谈话。他常常发现这些学生对自己被老师视为“不合作”这一情况全然不知情。事实上，他发现，他们认为自己当时的做法完全是合乎逻辑的。

凯利发现，人类是活跃的生物，始终处在运动之中，始终有行动发生。因为人是活跃的生物，他们就面临着不断从他们认为可行的选项中做出选择的局面。凯利描述了人们是如何通过其个人构建系统（Personal Construct Systems）来观察这个世界的。每个人都在观察这个世界。善良的、邪恶的、快乐的和抑郁不乐的人，都在从个体角度出发对这个世界进行观察。这其中的假设便是，人们会从当时他们认为可行的选项中选出在他们看来最佳的选项。

前面几段蕴涵的意义是，人们在世界上忙忙碌碌，并不会故意做些不合逻辑的事情。他们做的是在做那些事情的当时在他们看来是正确的事。他们从面临的选项中选择了他们认为对自己而言是最佳选择的选项。只有在他们发现这么做行不通之后，才会看出其中的不合逻辑之处。对于一个见识了更多选择方案或知道当事人选择的这个方案行不通的旁观者来说，这种选项看来才是不合逻辑的。

你是否知道，每年发生在美国的谋杀案中有60%~70%不属于银行抢劫、劫持或街头行凶抢劫？大部分谋杀不是由罪犯实施的，而是发生在好友、亲戚、情侣及近邻间。如果你问查理为什么把屠刀捅进他妹夫的喉咙中时，他会说:“我得让他住嘴，在当时这么做看上去是个好主意。”对于我们这些局外人来说，看上去这种做法令人恐怖而且不合逻辑。也许，如果我们跟在囚室里等待判决的查理谈一谈的话，他也会（在反思中）同意那么做是不合逻辑的。或许在查理拨出那把刀的时候，如果你我在场，我们本来能按住他的手腕说:“你意识到自己可能被判终身监禁，或在监狱待到 67 岁才能出狱吗?有没有其他的法子让他住嘴呢？”然后查理或许就丢下刀子走出去了。

如果我们认为人是活跃的生物，而且把人类的行为看作在不同选项中做出选择的持续过程的话，那么我们很快便会意识到，经验只不过增加了一个人在需要采取行动时可以选择的选项数量，以及因为在某方面浸淫的年限足够长久而有能力判断任何一种行动的结果是足够跟预期一致。

例如，在 7 岁时你面临一个需要做出决策或采取行动的局面，你可能只有两个选项可选，而且两个选项可能都很差劲。如果到了 12 岁，在面临同样局面时，你可能会有 17 种不同的选项了。你的经验增加了解决问题的备选方案，而且你也发现了哪些方案行得通。这里很可能出现的一个情况是，这 17 种备选方案中有些方案要比你 7 岁时拥有的那两种方案要好些。

我们把这一点跟你的工作经验联系起来讲。你是否有过这样的经历，如被一个技术问题难住，拿不下一个销售订单，或无法处理一个人员管理问题，而不得不去对自己的老板说:“我尝试了 A、B 及 C 方法，就是搞不懂该怎么解决这个问题。”你的老板回复:“为什么不试试 E 方法呢？”然后给了你一个可行的解决方案。你可能回应:“我为什么就没有想到这一点呢？”不管你有多少种备选方案，你的老板只需要比你多一种方案就可以助你解决问题。而他拥有的备选方案或许比你所拥有的可以从中选择的备选方案要多 35 种。

经验并无神秘或神奇之处。经验只不过是在你需要采取行动时增加你可以从中选择的备选方案数量而已。这意味着，当你在指着一个人说 “她在那方面经验不足”时，你实际上是在说“那个人在那种情形下需采取行动时没有足够的备选方案可以从中选择”。在商业实践中，这种“经验不足”的问题是（过于频繁地）通过相当于让某人再多干几年的方法加以解决的，而实际学习（获得更多备选方案）本可以在两周内完成。

在个体面临采取行动的具体要求时，培训增加了在该个体看来切实可行的备选方案的数量。通过增加经验来学习是种浪费时间而且会让人频频受挫的行为，与此同时可能还会发现原以为不错的结果其实并不怎么好。培训是压缩学习时间的一种做法，可以使人在年龄不增加的同时变得更聪明，还避免了频频受挫的情况出现。因此，解决经验不足这一问题的方案不是要人们在某工作环境中再多待数天、数周或数年时间，而是帮助他们获得工作中所需的那些额外备用方案。如果你知道那些备用方案，你就可以通过把方案传授给员工来解决这一问题。这便是培训。

对于管理者来说，这意味着要想成为一位成功的管理者，除了做一名心理学家，还有另一条路可走。另一条路便是忘记关于人们动机的学说；反正你也不能确切知道那些学说究竟是什么意思。如果你想知道某人为什么会做某事，那么就试着去弄清楚他们面临的现实备选方案，并询问他们为什么会做出那种选择。要承认人们的行为发生在他们的个人构建系统中，发生在他们对世界上的善恶、伤痛及幸福的个人观点的背景中。不要再按你所知道和可行的备选方法来解读员工的行为，要按他们眼中的可行备选方案来解读他们的行为。要知道，他们看不到你眼中可行的备选方案。

如果你希望他们选择更好的备选方案，那就向他们提供更多可以从中选择的备选项，或者把他们选择的方案的未来后果告知他们。

态度——有效管理的障碍

有多少次你觉得自己搞清楚了人们的态度？有多少次你把一名员工的优秀绩效或低下绩效联系到他的态度上？你认为人们工作出色是因为有好的（或积极的）态度，而工作糟糕是因为有差劲的（或负面的）态度？因为如此，你就认为如果你改变了他们的态度，他们就会改善工作吗？你是否曾批评一名员工工作不力，称其有低绩效的原因在于其负面或差劲的态度，还指出解决这种低绩效问题的方法在于该员工改变态度？

如果你跟这个世界上 90% 的管理者见解相同的话，那么你便全部或至少部分抱有上述观点。在过去 25 年中，我教过或共事过的大多数管理者都欣然承认这一点。一旦有管理者告诉我他们了解自己员工的态度（即便偶尔知道），我便追问他们是如何知道的。他们的答案千篇一律：

1. 我看到他们做的事（他们的行为、不作为、反应、成就）。
2. 他们告诉我的。
3. 运用推己及人标准（我做过那件事，因此我明白自己当时的态度，因此他们的态度必定是相同的）。

有些管理者声称知道人们的态度，因为这是“其他人”告诉他们的，而所谓的“其他人”所能运用的方法却仍然只有上述三种而已。

接下来我问他们：“什么是态度？”要回答这个问题通常都需要一段冗长的讨论，因为大多数人都难以给“态度”这个词下定义，尽管大家都在随心所欲地谈论它。最终，我们大家达成了类似下面的定义：

态度是人们对自己以及周围世界的感觉，而且可以包括非常具体的感情或价值观，如喜欢与不喜欢。

在界定了态度之后，我问："态度在什么地方发生？"人们的答案众口一词："在人们的大脑中"或"在两耳中间的部位里"。接着我要求他们解释在现实中是如何运用上述三种方法来判断人们的态度的。

例如，"如果态度是在人的大脑里产生的，那么告诉我，你对他们所做的事情（他们的行为）的观察是如何使你了解到他们大脑中所产生的思想的呢？"通常这又会引发一通关于人们的原型行为以及某些行为会始终不变地跟某些态度相关的长久讨论，即"人们喜欢的就做得好，不喜欢的就做得差劲"。不过接下来让管理者承认他们每天都在做一些他们并不喜欢或并不想做，但不管怎样仍然会做还做得很出色的事这件事实，也并没费多少气力。因此，按照大家的说法，如果你和我见到人们在做某事，我们或许会假设他们喜欢做那些事。

随着探讨的深入，管理者承认，生活中有些事情是他们在过去乐于做而且做得出色的，但做得太多了也便不喜欢做了；不过他们必须做好，于是他们便继续做下去了。他们还承认，生活中有些事情是他们所不喜欢但必须去做的，而到了今天，因为他们已经做了这么多次了，他们便开始喜欢做这些事情了。这种见解慢慢被大家所接受，即特定态度与特定行为之间并无恒久联系。人们很可能连着重复做某件事情五次，却有五种不同的态度转变。

最终管理者承认，他们无法通过观察一个人的行为便了解一个人的态度。在这一点上他们当然是正确的。他们真正在做的是观察某人的行为，并猜测在这个人脑海中发生的与该行为相关的态度。此外，他们急切地补充说，他们的猜测会逐渐"熟能生巧"。他们表示，要知道某次特定猜测正确与否是很困难的，但经过一段时间之后你猜中的概率会增加。这种说法是荒谬的。如果你在五年时间里观察一名员工的行为并就与该行为相关联的态度做出猜测，则你的猜测会有对有错。这里的真正问题是：你如何判断你的猜测中哪一个对，哪一个错？

例如，假设你和我面对面站着，我要你猜我口袋里有多少零钱。你猜了以后，我说："嗯，这不是很有趣吗？"然后便走开了，却不让你知道我口袋中到底有多少零钱。你怎样才能知道自己的猜测正确与否呢？你这唯一一次猜测没有得到验证。你可能猜中了，也可能猜错了，但在没有验证的情况下你又如何能知道有没有猜中呢。

你或许会抱怨，说这些例子不切实际，因为你就自己员工的态度所做的猜测数量更庞大，而且是在一个更长的时期内进行的。你认为自己的猜中概率会随着时间的增加而改善。你认为如果就我口袋里有多少零钱做 2 000 次猜测会更合理些。我每次都会摇一摇我的口袋让你可以观察我的行为。因为你很聪明，你会记录下每次猜测后我的反应（我或微笑，或皱眉，或换一只脚站着，或垂下肩等）。在 2 000 次猜测结束后，你会分析得到的数据，并把我的微笑、皱眉、换脚或身体姿势与猜测的次数关联起来。因为你很聪明，你会推测我的某些行为是跟正确的猜测联系在一起的。例如，当你猜错的时候我会微笑一下，以及当你猜对的时候我会皱一下眉，这或许是一件看似很明显的事。你很可能会把那些看上去与那些反应相对应的猜测挑出来。可是，在你分析完收集到的所有这些信息并做出自己的最佳猜测之后，我说了句："嗯，这不是件很有趣的事吗？"然后就走开了，并不告诉你我口袋里的零钱数目。你再一次无法验证自己的猜测正确与否，或者猜得是否更靠谱了。毫无疑问，你这 2 000 次猜测中会有许多次是正确的，同样也有许多次猜错了。这里面临的关键问题同样是："如果你的猜测从来没有得到验证的话，你如何知道哪次猜对了，哪次猜错了呢？"

当管理者意识到在了解人们态度的方法清单上位列第一的实际上就是猜

测之后，他们承认，猜测并不是判明人们态度的一种行之有效的或真正的基础。不过他们迅速转到第二种方法上去，即“我知道他们的态度，因为这是他们亲口告诉我的”。听上去这好像一种坚实的基础，但这种方法带来了两个问题。第一个问题跟“我们并不总是清楚自己的态度，即便我们声称清楚自己的态度”这一事实有关。已有研究证明，人们常常做一些跟自己所宣称的态度相反的事情。当把这种矛盾展示给他们时，他们便常常更改关于自己态度的说法。我们并不是自己的心理治疗师。我们自己口中的要事通常并不是真正对我们重要的事。就拿我来说，我开一辆省油的汽车，明显是由于它使用成本低这种原因。这是一款奔驰柴油车，柴油售价每升比汽油低 5 美分。如果跟卖给我这辆车的汽车经销商交谈，并就我关于这台省油车的看法与他讨论的话，他很可能会大笑，然后提示说我要多开很长很长的距离才能收回为这台价值 50 000 美元的汽车多花的钱。不过，不管他怎么说，我知道自己为什么会开这款车。事实是，人们并不能总是清楚自己的态度，虽说他们口口声声说清楚自己的态度。有鉴于此，当一个人告诉你他的态度时，你如何知道他是不是知道自己的态度呢?

第二个问题是，即使一个人知道自己的态度，我们又如何知道他们是不是在说谎呢? 看似奇怪的一个现象是，接受心理治疗的人们甚至对自己的心理治疗师撒谎，或向心理治疗师讲述一些他们认为后者会喜欢听的故事，即使他们去看心理治疗师的目的是治疗。因此你为什么期望员工向手握他们生杀大权的老板开诚布公呢?

有多少次你听管理者说过“我认为我的员工只跟我说些我爱听的话”呢? 这一说法有很高的可信性。有时候管理者会回答，他们相信自己的员工对自己是诚实的。通常我会问他们在跟共事的人的交往过程中是否会表现得诚实，他们的答复通常是肯定的。接着我问他们是否跟自己不喜欢的人交往过，以及如果那个人发现这位管理者不喜欢自己的话，这对管理者是不是一种自毁性行为。他们的答案通常也是肯定的。接着我又问他们，如果那人问他们“你是否不喜欢我”时他们会怎么回答呢？答复是千篇一律的：“我会否认的。”

在现实世界中，人们必须跟其他人维系无数种关系。为了维护这些关系，人们倾向于说些他们认为是恰如其分的话，而非他们心里的真实想法。在无数交往中说某事而不说另外一件事的做法被看作一种社交礼仪而不是撒谎。在老板—员工这种上下级关系中，这种做法被视为自保行为。让管理者认可这第二种方法不是了解人们态度的切合实际的基础通常不存在什么难度。

这么一来了解人们态度的方法只剩下了第三种：我做过那件事，因此我明白自己当时的态度，因此他们的态度必定是相同的。有些管理者很快便承认；如果我刚刚学到了我并不能总是知道自己的态度，我就没办法在这方面做好。当然，他们是正确的，不过，即使你能确信自己的态度，我还必须再问一个问题：“谁在美国国家标准局里把你或任何一个人注册为具有人类‘正常’态度的人呢？”事实上，如果你是一位成功管理者的话，那么你很可能不具有“正常”的态度。要成就一位成功的管理者，你就必须是一位佼佼者（至少在美国是这样的）。在管理层的阶梯上，你爬得越高，你要取得的成就就得越出色。

我们看一看佼佼者和“正常人”之间的区别。“正常人”按时上班下班，他们偶尔会早到一些，也偶尔会加点班；他们急匆匆地赶回家陪家人，陪孩子们参加少年棒球联盟的活动；做些公民活动；发展自己的兴趣，等等。佼佼者则在大多数时候都早早去上班，而且大多数时候都得为工作忙到很晚。他们通常会在晚上工作到 18 点至 22 点，一周工作六七天。高层主管的每周平均工作时间从 60 到 90 个小时不等。他们的午餐和晚餐通常是为了商业的目的而跟商界人士一起吃的。即使是在假期里，他们也把度假的时间、地点安排得公务、娱乐兼顾。例如，把跟家人一起度过的为期两周的假期安排在泰国，因为届时可以视察公司设在该地的工厂。如果这种佼佼者在打算前往医院看望自己的配偶或朋友的路上接到电话，说在芝加哥出现了一个商业问题，那么这位佼佼者最有可能的行为是给住院的人送束花而本人则赶乘一班飞机去芝加哥。

我们这些佼佼者都是不正常的；我们有点像奥运会运动员。奥运会运动员放弃许多正常人的活动以便可以在完善自己的运动技能方面投入大量时间。因为这些人是在为奥运会备战的，因此我们并不觉得他们有什么怪异之处。我们只是不想改变这种状况。佼佼者们的生活可以过得令人非常满意。我们尝试许多事物，我们取得许多成就。我们工作时劲头十足，我们赢得了许多东西。我们在商界取得了很多成功，这通常意味着我们赚到了很多钱，可以用来买许多实实在在的享受。不管有没有别人（包括我们的老板）伸手相助，我们通常都会有所成就。

在被任命为管理者之后，我们这些佼佼者犯的第一个错误发生在对那些为我们工作的员工进行分类的过程中。够幸运的话，我们会雇到一个佼佼者，对此我们的第一反应便是对自己说："谢天谢地，我终于得到了一个正常人；一个信奉苦干奉献精神的人，一个理解失败的痛苦和成功的狂喜的人。"我们甚至在晚上回到家里时向我们的神祇祈祷："上帝啊，感谢你派了一个和我一样的正常人给我。如果有机会的话请再多派几个正常人给我，同时还请帮我清除掉那些如果没有人一直在旁监督便一事无成的达不到正常水平的混混们。"拿我们手下的员工跟我们认为了解得最充分的人——我们自己进行比较，似乎是种合乎逻辑的举动。遗憾的是，我们把自己看成了正常人。我们真正的祈祷应该是这样的："亲爱的上帝，感谢你派一个佼佼者给我。如果有机会的话，你能再派几个像我这样的神经病给我吗？请赐予我出色完成工作所需的知识、体谅及力量，以便管理好那群正常人，帮他们达到我们所需要他们达到的成功程度。"因为我们这些佼佼者不依赖外援便取得了成功，甚至克服重重障碍才取得了成功，因此我们认定这便是唯一正确的做法，而我们把自己的管理工作视为为佼佼者们指出正确的努力方向，同时在他们耳边低声说“去取得成功吧”。

在美国和加拿大的公司里进行的两个绩效评估研究项目中，我常常在评估表格里发现如下话语：

> “此人是会再多做一些，还是只按要求完成任务而已？”
>
> “这个人能够在尽可能少的监督下卓有成效地开展工作吗？”

第一句话——常用于识别正常绩效者——假设，如果此人是一个正常绩效者（一个跟我们自身一样的佼佼者）的话，他就始终会比规定的要求多做一点。你是否听某位管理者说过“如果必须我告诉他们该干什么的话，那么他们就不适合这份工作了”的话呢？这同时意味着“那些只会按要求做好工作的人都是些达不到正常绩效的人”。

第二句话也用于识别什么是出色绩效或正常绩效。最令人感兴趣的是这句话并没有诸如“这个人能否在正常监管的情况下卓有成效地工作”这样的对应话语。这句话没有说出来的假设是，正常的管理者—下属关系是一种只需最少限度监管的关系。这意思是说，任何超出最低限度的监管（不管这种最低限度监管是什么）都说明员工绩效的低下。但在现实世界里，管理者之所以拿到薪水，不是因为要他们进行最低限度的监管，而是要求他们进行最大限度的监管，采取所有必要措施来取得业绩。管理者必须把监管解读为他们为了指导、帮助和支持员工的成功而必须做的事，而且他们必须意识到管理者拿薪酬不是因为最低限度的付出，而是因为他们要为了取得业绩而做出最大限度的付出。管理者要明白，他们之所以出任管理者的唯一原因便是要尽一切可能帮助员工取得管理者所期望员工达到的成功程度。

作为据以判断人们态度的基础，第三种方法，即推己及人法不仅跟另外两种方法一样靠不住，而且如果你在工作中将其加以运用的话，你便会期望员工跟你自己一样展开工作，即他们只需最小限度的帮助。因此他们就被剥夺了成功所需的帮助，而你自己则陷入了自毁性行为的泥淖中。

因此，我们可以得出的唯一结论便是，我们实在不知道人们的态度是怎么样的。我们只是猜测他们持什么样的态度，而接着我们便陷入了“认为自己猜对了”的陷阱中。这一自我欺骗行为潜伏的害处在于，一旦你认为自己知道了一名员工的态度是什么，那么你接着便认为自己可以指责这种糟糕或负面的态度是导致差劲绩效的原因。既然员工的态度出了问题，那么该员工就必须做出改变。你的唯一行动便是要他们一定做出改变，然后便抽身事外监督他们是否照做了。因为这显然是员工的过错，因此必须由员工来纠正这个错误，你则从对该人力资源的管理中抽身离去。

在你认为自己知道了别人的态度是什么之时，你便落入了另外一个陷阱。如果你真正相信自己可以知道别人的态度是什么，你便陷入了读心术的范畴。如果你认为自己可以在跟某人谈话的时候读懂他的心理，那么你其实只是在自言自语。你所做的只是把自己的想法塞进那个人的头脑，接着你又跟自己明确知道已经存在的这些思想进行对话；你只不过是在自言自语。你在自言自语的一个明确迹象便是，跟你谈话那人的行为跟你的谈话内容毫不相干。出现这种现象的问题在于，你没有对那个人的交流信号做出反应；你在自己的脑海中扮演会话双方的角色。

如果你最终承认自己并不会读心术，那么你会发现自己在这个世界上有点形单影只，因为所有其他人都相信自己懂读心术。例如，一位心理学副教授最近撰写了一篇文章，发表在一个咨询顾问专业组织的期刊上。它的开篇是这样的：

所有顾问都在运用驻留在我们常见感觉之上的超感知觉（ESP），

这点我们甚至意识不到。顾问们有多少次一看见客户便立即产生了似曾相识的感觉呢？这种感觉便可归入超感知觉中的一种形式。

当然，我们都有无数次看到一个人的时候立刻心生似曾相识感觉的情况。不过我们的感觉告诉我们的是发生在我们自己脑中的事，而不是发生在别人脑中的事。如果你认为自己知道发生在别人脑中的事，那么你便认定自己是正确的，因为你“知道”自己是正确的；没有谁可以证明你错了。即使那个人声称你对他的看法是错误的，你仍然相信自己是正确的，只是认为那个人不承认这一点罢了。

如果管理者认为自己在管理过程中为员工提供帮助的权力未明确界定，那么这对于管理者和员工来说都是不幸的。不过，对于专门帮助他人提高管理水平的专业人士来说，相信自己在帮助别人方面具有未明确界定权力的观点不仅是荒谬的，更是悲剧性的。

我已经在人员管理行业里浸淫 30 年了，而我在 29 年半以前便发现自己并不懂读心术。我给各位管理者的最好建议便是摆脱读心术的迷思。必须成为一名成功的人员管理者这一点太重要了，这是不能建立在神秘玄虚的基础之上的。

我意识到要让大家放弃我们生活方式中如此谙熟的一部分殊非易事；人人都在谈论别人的态度。餐厅里一位女招待把盘子咣当一声放在你的桌子上时，人们自然会说她态度差。你不知道这究竟是由于盘子滑手、她的关节炎犯了，还是她的医生打电话来通知说她的验孕检查呈阳性的缘故。在这种轻松环境中玩这种态度猜测游戏没什么害处。你可以选择少给点小费，这让你荷包里剩下的钱多了点。不管造成这种差劲服务的真正原因是什么，对你来说都没有什么区别。然而，对于一位管理者来说，再玩这种猜测态度的游戏便是种自毁性行为了。

第5章

一个你可以在实际工作中加以运用的理论

如前文所述，在人员管理流程领域的主流管理培训中，人们用各种行为内化理论作为描述人们行为的基础，即人们之所以做事情，原因在于其内在驱动力、动机及态度。令人高兴的是另外还有一个理论可用，即一种叫作行为主义的关于人类行为的科学阐述。这门经由科学研究汇聚起来的学问是基于一切行为均为其结果之函数这一前提衍生出来的学说。具体来说，它的意思是说，人们之所以有种种行为，其原因便在于人们喜欢这些行为为他们所带来的结果。这种人员管理科学理论有时又被称为行为矫正科学，该理论已经证明，不但人们的行为可以在不管其持什么态度的情况下被改变，而且，一旦人的行为有了变化之后，其态度通常也会随之发生变化。

作为一种理解人类行为原因的概念性思路，行为科学大约已经有 100 年的历史了。在过去三四十年间，行为矫正理论作为改变或指引人们进行行为疗法、培训或管理惯例的科学做法得到了广泛认同。如果你觉得在这里“科学”这个词用得有些频繁，那么你的感觉是正确的。行为矫正只针对可度量的行为，这与不可度量的、存在于人们心中的理论性的内化活动形成对照。

人为什么会有行动

行为主义研究者告诉我们，每个人类行为对个人都有两类可能结果：积极结果和消极结果。行为矫正概念中对大家最有意义的一个核心规则是：

> 随后有积极结果（对行为个人而言）相伴出现的行为会有重复自身的倾向。

我们以修剪草坪为例看一看这种行为在行为矫正概念视角下的结果（见表 5-1）。

表 5-1 是否修剪草坪的两种结果

今天修剪草坪	
积极结果	**消极结果**
• 草坪看起来美观	• 今天无法打高尔夫
• 修剪工作不费事，因为草没长太长	• 在烈日下挥汗如雨
• 邻居们会夸奖草坪修剪得好看	• 要有体力付出
今天不修剪草坪	
积极结果	**消极结果**
• 可以打高尔夫	• 草坪长得难看
• 不必出汗	• 到下一周草长得太长——难以修剪
• 没有体力付出	• 邻居们会说草坪难看

尽管这是一次非常简单的分析，只是就做或不做一种叫作修剪草坪的行为可能导致的某些不同结果所进行的分析，但从中我们仍然可以轻松看出，

不修剪草坪所产生的积极结果是如何可能造成草长得过长这一消极结果的。

如果你接受人们之所以做事，原因就在于做事所带来的结果这一事实，那么对于一些人们每次做后都会有积极结果跟随出现的事情来说，理解人们为什么会增加做这类事情的次数这一现象也就不难做到了。坦白地讲，如果你做了一件事，其结果对你而言是种愉快回忆，那么你再去做那件事不是极有可能的吗？这个理念简单易懂，只不过其中有些细微之处必须解释一下。例如，一个人做了某事后可能会有多种结果：短期结果、长期结果、对自身的结果、对周围人的结果，还有消极结果或令人痛苦的结果。在满足下列条件的情况下，上述原则才会起作用：

1. 结果是对该个体而言的。
2. 结果是积极的。
3. 结果在行为发生不久之后即出现。

第二个条件对于大家的理解很重要，进一步解释如下：出现在一种行为之后并增加该行为出现频率的任何结果均可看作积极强化因素。

例如，在人们做了某件事之后你给他们软糖、拥抱及亲吻或金星奖励，而他们做该事的频率增加了，那么软糖、拥抱及亲吻或金星奖励便是积极强化因素。更具体地说，我们可以做出一些非常有把握的猜测，即在某些情况下，软糖、拥抱与亲吻及金星奖励被该行为人视为积极结果。只有在我们所强化行为的出现频率增加的情况下，我们才可以很有把握地判断这些是不是积极强化因素。

如果回顾一下赫茨伯格关于成就与赏识方面的说法，我们就会明白，他谈论的是绩效的结果。他称这些为激励因素，不过我们现在知道，这些口头或书面赏识都是积极强化因素的一种表现形式。

我们来考察一下一种行为带来的积极结果可能影响该行为的方式。例如，我有一个四岁大的女儿，我正鼓励她练习社交礼仪。假设我正站在满屋子宾客面前对女儿说："汤德拉约，做个乖女孩，去跟大家打个招呼。"我从身后轻轻把她往房间里推了一下，想让她走进房里。汤德拉约站稳了身子，在房间里四处望了望然后哭了起来，一下子扑到我怀里，把脑袋埋在我的膝盖上。我的反应是弯下腰轻轻抚摸着她的头，抱住她吻了下，或许还会给她粒糖或拿个冰激凌什么的。

我来问大家："汤德拉约做了我想要她做的事情了吗？"答案显然是否定的。她没有做我要求她做的事情的结果是什么呢？这个结果对汤德拉约来说是积极的还是消极的呢？我们可以很肯定地说，这些拥抱、亲吻、糖果或冰激凌对她来说是积极结果。

我对女儿要学会社交礼仪一事忧心如焚。如果我运用典型的业余心理学家的方法，我会试着问她为什么不去社交，她担心的是什么。我或许会解释社交的重要性以及她必须成长为一个重视社交之人的重要性。不过我事先知道，跟自己只有四岁大的女儿进行这么一次谈话成功的概率不大，因此我便转向一位行为主义学家的方法，问："我怎么做才能让我女儿多参与社交活动呢？"这位行为主义学家的第一反应可能是："不要再在她不听话的时候对她进行奖励了。"我们的对话可能是下面这个样子。

我：可她毕竟在哭泣呢。

行为主义学家：她哭得厉害吗？

我：是的。

行为主义学家：她每次哭的时候你都拥抱她、吻她吗？

我：是的。

行为主义学家：看上去像汤德拉约在控制着你的行为，看来汤德拉约已经知道了只要哭一下就会有好事发生。如果你想减少她哭泣的次数，一种方法便是停止对这一行为进行奖励。

我：你的意思是说，在我要她跟朋友们打招呼时她哭泣还抱住我的腿的时候，我该取消亲吻和拥抱等积极结果吗？

行为主义学家：正是这样。不要因为她的不作为而对她进行奖励。

我：那么我什么时候才亲她抱她呢？

行为主义学家：当她的行为接近你的要求之时。例如，如果她坚持不哭的时间长一点，或走得离朋友们更近一些，或微笑、谈话，或碰了一下他们的时候，这时你要跑到她身边抱她亲她。

这里大家需要知道的重点是，尽管我们认为我是在她遇到挫折之时对她好、展示父母之爱与关爱，实际上我是在她拒绝行动之时对她进行奖励。现在假如我在事实上确实对汤德拉约的拒绝行动这一行为（哭泣及不去进行社交活动）视而不见，而在看到她按我的期望行动（在更长的时间内不哭、跟人聊天等）时我便拥抱她、亲她，我们会期望这种理想行为次数会增加。这种不哭泣的时间会进一步加长，而且跟人聊天的情形也会增加。

如果你花一分钟想想这件事，我肯定你就可以在生活中找出许多积极结果强化人们行为的情形。例如，在现代社会中，至少在美国社会中，半数人口成功地操纵着另一半人的行为。我举一例，问你一个问题："一个男人向一个女人施压而女人哭泣时，这个男人会怎么办呢？"回答正确。他通常会停止向这个女人施压。对于这个哭泣的女人来说，她一哭泣压力便消失了。对于施压的男人来说，停止对女人施压的积极结果便是女人停止哭泣。这种在女性中司空见惯的哭泣行为是一种学习来的反应，而非与生俱来的反应。在人生较早期，女性儿童和男性儿童都很擅长用哭泣博取积极结果。不过，到了某个年龄段以后，男孩再继续哭泣便会受到惩罚，女孩则不会因为哭泣而受到惩罚。随着年龄继续增长，一个男孩在过去常常会哭泣的环境下不再哭泣，便会被认可为是个勇敢的小小男子汉。而女孩的哭泣行为则会继续得到强化，也就是说，她的哭泣会有积极结果。

采取惩罚措施的坏处

行为矫正中的另一方面跟某种行为带来的消极结果或痛苦事件有关。关于消极结果的一个重要原则便是：一种带来消极结果或痛苦事件的行为的发生频率会下降。

实际上，减少某行为发生频率的最有效方法便是对行为人施加惩罚或令其感到痛苦。不过，在你说“哼，这我早就知道了”之前，我先说点别的事情。在为了降低某行为的发生频率而令行为人感到痛苦的举措中，有几个会引发更多问题而非带来益处的方面。

运用消极结果或施加痛苦的第一个方面是，施加痛苦的执行人常常会错误解读什么是消极结果，什么不是消极结果。例如，你是否亲眼见过一个小孩故意调皮，结果便是受到某种体罚或惩罚的情况呢？事后，你或者其他在场的大人们会感到奇怪，为什么小孩会希望得到惩罚呢？与此同时，这个小孩会一边揉着被揍的地方走开，一边却在想：“他们仍然还是爱我的。”跟对积极结果的解读一样，一种结果是积极还是消极，只有该结果的承受人才能够解读。如果爱和关注对一个小孩来说是一种积极结果，而且这个小孩平时得不到多少爱和关注，那么在这个小孩看来，任何关注甚至惩罚都可能是积极结果。关注是个强大的强化因素，即便这种关注是种惩罚措施也是如此。因此在施加消极结果或痛苦来降低某行为的出现频率中的第一个问题便是，你应用的消极结果可能实际上是种积极结果，这样一来结果反而会提高你所不希望出现的那种行为的发生频率。

运用消极结果或施加痛苦的第二个方面是，这会产生一些不必要的副作用。人们在承受消极结果或痛苦的情况下会变得担惊受怕。因此，如果你的管理风格跟大多数管理者相同，而且常常使用消极结果来改变人们的行为的话，则你要面对一群十分担惊受怕的人。

运用消极结果或施加痛苦的第三方面是会引发攻击性。人们在遭受惩罚或承受痛苦的时候，虽然可能会减少那些招致痛苦结果的行为，不过他们同时也可能会通过怠工、制造分裂、妨碍工作，甚至枪击老板等行为做出攻击性反应。在问管理者“员工为什么不做自己该做的事情呢”这个问题的时候，有一个非常频繁地出现的答复是，因为他们不喜欢这个老板，所以他们会把自己的绩效搞得很糟糕，从而拖累老板的名声。这显然是员工的一种攻击性行为。换言之，作为一名员工，不做好自己的工作会让老板焦头烂额。对于管理者来说，要管理（往最好处想）充其量只不过是持中立态度的一群员工的劳动产出本身已经是够困难的一件事了。如果员工还要咄咄逼人地把管理者搞下台的话，那么管理就变成了一件几乎不可能完成的任务。

因此，从这些关于消极结果及痛苦措施的评论中，我们得出的最重要结论是，只要有可能，就应该避免采取这种惩罚措施。我们的建议是，与其试图降低你不喜欢行为的出现频率，倒不如把精力放在提高你希望的行为的出现频率上。

行为矫正领域的大量研究成果已在教育界得到应用。例如，有一项研究揭示，学生不愿做家庭作业的一个原因便是社交排斥。那些做家庭作业的学生会被称为书呆子。对于完成作业的那些学生来说，其长期积极结果是他们成绩会更好，在更高一级的教育中表现更出色并最终进入自己中意的大学。遗憾的是，这些长期结果很难得到这些中小学学生的重视。没有什么近期的积极结果来抵消被同学们看作书呆子这种近期的消极结果。教师采取的一个措施是向学生们提议，他们每完成一次家庭作业，便可把自己的名字写在一张纸条上，然后投入教室后面的一个瓶子里。每周结束时从瓶子里抽一张纸条，名字被抽中的学生会得到一份奖励（奖励金额在 2 美元以下）。通过这一举措，教师对完成家庭作业提供了一种即期积极结果，这比同学压力这种消极结果更重要。通过这一变更，在 60 天的时间内，完成家庭作业的学生比例从原来的不足 1/4 飙升到接近全班学生的 2/3。请注意，这不是在过去半个世纪里只出现过一次的孤立事件。这是一个为提高期望行为出现频率而提供一些即期积极结果的例子，而在过去的普遍做法是从来不应用这种即期积极结果。

在商业中应用行为管理法

让我们来考察一下结果是如何影响商业中的行为的。每个行业中都有些人们做不好的工作。这些工作被视为枯燥乏味的、非常困难的或令人讨厌的。从自己的组织中找出一件这样的工作，自问一下如果一名员工干不好这件工作的话会有什么事发生。如果你的组织跟大多数组织一样的话，那么答案会是你再也不会要求他们做这件事。换句话说，一名员工做不好某件工作的积极结果就是他不会被要求再去做那件工作了。如果某人能把一件枯燥、困难或令人讨厌的工作做得很出色，则管理者的即时反应便是把所有不好做的工作都派给那个人去做。换言之，做好一件“烂活”的结果便是，你得一直把那件“烂活”做下去。

我再问你一个问题：你有一件必须马上完成或在完成过程中不得出任何差错的工作，你会把工作交给谁呢？你是会把这件工作交给那些能够始终出色地做好本职工作的员工，还是交给那些时不时会把工作搞砸的员工？大多数管理者都会觉得这个选择很容易：“我总会把重要工作交给最棒的员工去做。”这听上去合乎逻辑，不是吗？大家所没有意识到的是，你在改变另外一群人，即那些把工作搞砸了的人的行为模式。他们从中学到了这样一个道理，即“我做得越少，他们就越少吩咐我去做事”。他们不大可能把这道理说出来，不过他们学到的道理就是这样的。对于低绩效行为者来说，这难道不是一种不错的积极结果吗？

如果你始终把棘手项目交给同一批人去做，那么一般可能会出现三种情况：他们得到升迁；他们的绩效水准开始下降；他们辞职走人。如果他们辞职的话，你自然会问他们为什么要离开，而得到的答复总会是“为了更高的报酬”。这也是管理者抱怨没办法向佼佼者支付足够高的薪水来留住人才的原因所在了。遗憾的是，因为没有问对问题，所以管理者就被蒙蔽了。事实是，几乎所有辞职另谋高就的员工在新职位上的工资都会有所增加。你们公司雇用新员工也是同样的道理：他们在你们公司里的收入都会比在原来公司里工作的收入要多。新雇主很可能会问到点子上：“你为什么要辞去原来的工作呢？”得到的答复极有可能是：“在原来的职位上你干得越多，他们要你做的就越多；有些人只干我一半的工作，而管理者却不要求他们再多干点。我希望在一个公平分配工作量的环境里工作。”这不是什么发生在童话故事里的情景。这是发生在我们周围，让能把“烂活”干好的人去把所有“烂活”都包揽下来这种现象所产生的结果。

现在大家设想一位面对一个有出勤问题员工的管理者。该管理者接受过管理方面的典型培训，这使得她认为自己有能力扮演好一个业余心理学家的角色。她解决缺勤问题的第一个步骤便是试图加深对该员工的了解。她把这名员工叫进办公室，兴许还会给他倒杯咖啡，跟他谈论他的背景、生活中的如意及不如意，以及未来的希望与抱负等，他们或许会探讨在管理者职权范围内可以对其工作环境进行改善的可能性，而她或许甚至还会问他真正喜欢什么样的工作。这位管理者希望通过这样的谈话让员工意识到自己对他的关注和担心，从而使得他可以减少缺勤情况。这件事情的真正情形是，缺勤行为导致的一个结果便是有免费咖啡喝，在老板的办公室里待很长时间，可以谈论自己的工作、生活。大家认为这位管理者对每天按时出勤的员工做了些什么呢？什么也没有。按这位管理者的逻辑，什么也不需要做；因为他们每天都来工作。

如果你曾在招聘员工的面试上花费过大量时间的话，你毫无疑问会问他们在以前工作中的境遇如何。如果你的经历具有典型性，那么你得到的回答中最常见的一个是“只有你把某件事搞砸了的时候老板才会找你谈话”。从行为主义学的角度看，这意味着你把该做的事情做好的结果（消极结果）便是被老板忽视。

当然，许多管理者跟我说他们并不会为问题员工买咖啡。他们会把问题员工叫到办公室里结结实实地训斥一顿，虽说这丝毫无助于改进缺勤问题。对管理者来说，他们的这些大吼、叫喊及恐吓之言对某员工压根就不是什么消极结果，这在他们看来是件难以想象的事。在学校里经常发生这样的事情，学生因为在上课时扯人头发和扔纸条而被教师大声制止，但学生的这种捣乱行为发生的频率反倒因此增加了。这对当事教师来说简直莫名其妙，直到有人向她解释，她的关注行为对该学生来说是种积极结果，这时她才恍然大悟。可以这么说，因为这种捣乱行为次数变多了，所以她的关注行为必定是种积极强化因素。当教师对她不希望出现的行为视而不见，而对做出自己想要行为的儿童加以关注以后，这种情形通常会有所改善。这样一来的结果便是，上课不专注的行为减少了，而专注的行为增加了。对于管理者来说，意识到这样一个道理很重要，即他们自己对一个结果究竟是积极还是消极的看法是无关紧要的；只有接受该结果的员工的看法才是重要的。

不久以前，一位管理者在我的一次 MBA 课上对我说，看上去他手下的一群人就像故意做错事情以便有机会向他认错。他说：“看上去他们真的是希望我冲他们吼叫。”当他把自己与员工关系的详细细节描述出来以后，这种不解便消除了。他手下的员工都是些受过良好教育的技术性工作人员，他们都是独立工作的专业人士。因为他们的责任已经明确界定了，公司期望每个人都在相对无人监管的状态下工作。他继续解释，因为所有人都是有着丰富经验的专家而且都知道自己该做什么，因此他很少跟大家接触。除了年初的计划会议，其后只有在绩效出了问题的情况下他才会召开后续会议。这类会议通常由员工发起召集，尽管这类会议的宗旨在于探讨问题，但他在描述中称会议开得非常低调。在这类会议中大家通常进行愉快的探讨，就解决方案达成一致意见，双方对结果都表示满意。我问他："因为你一年到头跟员工的探讨并不怎么多，而你又说在这些解决问题的会议上大家讨论得很愉快，你的员工有没有可能把这些解决问题的讨论视为一种积极结果呢？"他答道："天哪，难道我也是那些只有在员工把工作搞砸了之后才找他们谈话的管理者中的一员吗？"事实的确如此。

另一个人行为与结果的关系鲜明体现在爱吸拇指的16岁女孩一例中。如果你运用内化法判断这个16岁女孩吸吮手指的原因与可行解决方案时，你可能会想象出一些少儿时期物质匮乏的场景。不过按行为/结果学说对这种吸吮拇指的行为进行分析后，我们发现这个女孩只有在父母冲她大吼时才会有这种吸吮行为，其中的玄奥便散去了不少。进一步了解发现，当她把拇指伸进嘴里以后，她的父母便会停止冲她吼，此中的玄奥就更烟消云散了。从这位16岁女孩的立场看，吮吸手指看来是种完全合乎逻辑的举动。如果你想要父母不再冲你大吼，把手指塞进口中吸吮即可。还有什么比这更切实可行的方法呢？如果这对父母想让孩子不再吮手指，他们只需不再冲她吼叫就行了。

这一推论在商业中的应用可能适用于一位对自己手下的员工冲出其办公室感到惊讶及受辱的管理者。如果她明白了只有在自己冲员工吼叫时他们才从她的办公室里冲出去，她也许就不会感到那么惊讶了。如果她希望他们不再从办公室里冲出去，对她来说，正确的解决方案或许是她要改变自己的行为，要跟员工谈话而不是冲他们吼。还记得我们从乔治·凯利那里学来的理念吗？人们不会故意做不合逻辑的事，人们做的是在当时看上去完全合乎逻辑的事。

工作中的三个奖惩源泉

对员工的奖惩源泉只有三个。

源泉1：工作。这包括诸如“全做对”“按时完成”“不出差错”“在计算机上玩两小时游戏而没被发现”，或者一位客户说过“感谢你！你解决了我的问题”等从员工角度看属积极结果的事物。

消极结果可能是每次接电话时客户都冲他大吼、被纸割到、骨折及擦伤、令人厌烦的重复劳动、脚痛、背痛及头痛等。

源泉 2：同事。来自同事的积极评论（极罕见）；“演示做得不错，我希望能做得像你这样棒”；“伙计，你真有种，我要是在自己的计算机上玩两个小时的话会心惊肉跳的”；生病时收到康复祝福卡片。

消极结果诸如“嘿，慢慢来，你想让我们难堪吗”；员工建议里的讥讽、社会排斥，以及生产能手可能遇到的意外障碍。

源泉 3：管理者。从员工立场看，奖励应当是员工在全天里取得了适当绩效后管理者对其做出的绩效强化性积极评价。“我看到你完全按计划进展——干得不错”；“我刚读了你的报告，觉得很有意思”；“你按时完成了自己的任务，这会有助于我们赶上进度，多谢你的付出”。

消极结果可能是“那件工作（让人讨厌的项目）你做得很出色，那所有那些（令人不快）的项目都归你了”；“既然你早早干完了，我再分一些工作给你”；“很高兴你打电话来，我想说的是，你的上一份报告实在很糟糕”；“你为什么要我帮忙呢，自己就不会动脑吗”。

有些工作在一天内有多个开始与结束，因而员工就有机会赢得或输掉竞争（积极或消极的结果）。遗憾的是，当前的主流现实是，在大多数工作中人们在这一小时里所做的跟上一个小时所做的是同样的内容，工作不会即时出结果。而且极少有员工四处走动，恭维其他人工作做得出色。这样一来，在员工做好一天的工作之后，管理者便成了仅剩的积极结果（积极强化因素）来源了。

在实践中，行为矫正流程要远比本书所展示的内容科学得多，而且涉及更多变量及技巧。如果我在劝说大家避免成为某种业余心理学家的同时却劝大家成为另一类业余心理学家，那将是件荒谬的事。而且我也不打算那么做。本书的目的在于帮助大家改善面对面谈话技巧，从而提升员工的劳动生产率。你要成功实现这一目标的唯一途径在于，不要再扮演任何种类的业余心理学家，而要去管理自己可以控制的那些变量。

因此，从管理者的现实立场看，心理动力法之外的唯一可行方法便是行为管理。你唯一可以掌控的事物是行为。当一种行为不佳时，你可以看到它、度量它，还可以心平气和地谈论它。它发生变化时你可以看到，在它发生变化之后你还可以度量它。如果你把自己跟行为的内化原因分隔开来，并且开始应对行为本身，你便可以把人与其行为分隔开来。这样一来，你会意识到这样的说法有多么恰如其分："我非常喜欢你，可不喜欢你的行为。如果你改变自己行为的话，我就会像喜欢你一样喜欢你的行为了。"而且如果你开始着手尝试改变人们的行为而不是人们本身，你将不会再面临人们与生俱来的抵触感，因为人们都不希望自己被别人改变。

下面是一位管理者学员对自己使用积极强化因素经历的描述。

"我的工作职责是管理 15 个人，他们的工作角色从卡车司机到办公室经理不等。在大多数时间里我都不接触较下层的员工，除非办公室经理有问题解决不了，我才会过问。有一次他因为一个卡车司机干活太快而不注意细节这样一个问题来找我。这位经理解释，他已经多次就把拉货清单上列的货品装齐一事跟卡车司机说过，可卡车司机对他的要求置若罔闻。我没向办公室经理解释该采取什么措施以及如何去做，相反，我决定把这位司机当成我课堂学习计划的一部分。

“我要办公室经理不要再就拉货清单一事跟司机多说什么，等到有机会我会亲自跟他谈的。第二天，这位司机完成早上出车任务回到办公室后，我便立即走到他身边，接着便对他在拉货和送货工作中的出色表现以及速度加以表扬。通常我只有在提出批评意见的时候才会走近他，因此他脸上现出不解神情也便不难理解了。在表扬过后，我建议他或许可以尝试把拉货单上的货品装齐，因为这有利于对设备的处理，同时还可以减少差错。司机说他会把拉货单上的货品装齐，接下来的一天我去检查他是否做对了，结果发现他做得对。我就他这种改进向他表示祝贺。几天后我又跟进了一次，至此我发现他工作都没出过差错，于是我对他说对他的工作表示满意，并再次就这种出色工作向他表示感谢。此后，我的办公室经理再也没有遇到这方面的问题了。因为员工绩效差而怒气冲冲、危言恫吓是无济于事的，而对理想的绩效加以赞扬与赏识（积极强化因素）则可解决问题。”

这一故事的道理在于，谈论差劲绩效并要求人们改善绩效是没问题的，但最重要且管理者极少运用的步骤是，要强化人们在绩效方面的改善。

作为一位管理者的你或许永远也不可能成为一名人员管理专家，不过你倒极有可能早就成了一名行为矫正方面的专家了。或许你对员工在具体工作中的适宜行为已经烂熟于心了。从现在开始管理这些行为吧。

成功所需的正确信念

我认为大家阅读本书的一个原因便是要学习如何提高自己的人员管理水

平，或更具体些讲，如何更成功地与员工进行面对面谈话。如上所述，在我看来，管理者没有取得应有成功的一个非常明显的原因在于他们对于自己的员工和人员管理流程抱有错误信念。错误的信念引导管理者采取一些自毁性行为，这会导致关系破裂，而不会改善关系。换一种方式讲，如果你对员工抱有错误的信念，则这些信念就会成为解决他们所面临问题时采取的错误措施的基础。

为了正确解读我们已探讨过的内容，这里把前文总结如下：

第一点 接受管理即指挥他人完成任务这一理念。接受你需要他们超过他们需要你这个理念。认识到你作为一位管理者所受到的奖惩不是基于自己的作为，而是基于员工的作为；你的员工便是你的记分卡。不管你的风格、技能或知识如何，他们的成败都会在你身上反映出来。

如果上述所有说法都是正确的话，则你作为一位管理者存在的唯一原因便是要尽一切可能帮助员工取得你需要他们取得的成功。在开除任何一名员工前你要做的最后一件事便是对着镜子里的自己说“你失败了”，然后才对员工说“你被解雇了”。

第二点 认识到所谓管理便是一系列干预活动、你做的事情、你的行事方式。在工作环境中，你的干预行为便是对员工最大的影响因素。如果你没有做该做的事，你就做不了一位成功的管理者。在管理中有一些表演的成分。你无法影响这种表演成分的存在与否，你只可以选择是否要认可其存在。你的全部工作行为都会被员工解读为维护他们的利益或损害他们的利益这两者中的一种。只做一些自己觉得正确的事，或顺势而为，或仅仅有良好的意愿是不够的。如果没有做你该做的事情，你就不要指望会出现恰如其分的结果。你做的错事对自己是种自毁性行为。如果你不知道该做什么，则要在行动之前先搞清楚该做什么。如果自己的措施没有效果，那么便停掉该措施。

第三点 世界上不存在什么业余心理学家，因此停止成为一名业余心理学家的企图。此外，要成为一位成功的管理者是不需要成为一名心理学家的。如果你希望成为一名心理学家的话，去拿一个博士学位；否则的话，忘了它吧。

第四点 在雇用一个人的时候，你买入的不是人，或他们的头脑，或他们的价值观；你只是租赁了他们的行为。作为一位管理者，你的工作不是改变人们，而是在自己有限的环境里——在你的“救生艇”里管理并改变他们的行为。一个良好的开端便是重新撰写一下自己的职责描述，把你所租赁的行为清单列进去。

第五点 如果你打算了解人们做事情的原因，那就忘掉他们的动机和态度吧；对这些东西你只能加以猜测，而你永远也无法知道自己的哪些猜测是正确的。要认识到人们在生活中并不会做不合逻辑的事。事后发觉行不通时，这些行为才会在他们眼中显得不合逻辑，或在一个知道有更好方法的旁观者眼中，这些行为才显得不合逻辑。不要按你知道的可行方案来解读人们的行为；要从他们知道的可行方法的角度解读他们的行为。他们不知道你所知道的可行方法，他们知道的只有他们自己的方法。查明他们所知道的方法，然后问他们为什么会选择所用的方法。如果你希望人们选择更优秀的方法，那么就帮助他们理解他们所选用方法的结果，并给他们提供更多方法供他们从中选择。经验会教给人们更多的好方法和坏方法。培训可以使人们在不必花大量时间的情况下便得到更多行之有效的方法。

第六点 被称为行为矫正的科学的人员管理方法是管理者实施人员管理的一个比较妥当的基础，因为行为是一种管理者显然颇有资格管理的事物。当它出错时大家可以看到；大家可以度量它；大家可以心平气和地谈论它；当它发生变化时大家可以看到这种变化。

第6章 避免沟通中出现问题

近些年来，把绩效问题及组织间出现冲突的原因归咎为沟通不力成为一种非常普遍的现象。

面谈是管理者与员工间最主要的沟通方式，因此，这种沟通方式便至关重要了。在和员工打交道的过程中，管理者因为沟通不力受到的伤害要大于得利。

我记得《纽约时报》中刊载的一篇新闻，讲的是波士顿红袜队和扬基队在扬基体育馆进行的一场棒球赛。该新闻解释，在第九局时，波士顿红袜队与扬基队打成了 5：3，这时轮到扬基队击球，两人出击，两人占垒，一个新替补投手被派上了场。教练指示他要狠狠投球。该投手投出的第一个球就导致对手取得了个本垒打。《纽约时报》援引该教练事后的评论："如果那样的球可以算作狠球的话，我都不知道轻柔球该怎么投了。"显然这里面沟通出了问题。

在培训管理者时我通常会问："当你尝试要员工做某件他们该做的事或要他们停止做某件不该做的事时，你会遇到什么样的问题、障碍或挫折呢？"他们的答复通常是："他们不听，他们没反应，他们不理解。"管理者的指示之所以没有达到应有效果（影响他人），原因便在于他们应用了错误的沟通定义。

例如，当我问一群管理者“何谓沟通”时，他们的答复通常是“传输信息”。在进行了一番讨论后，这个定义被修正为“在两个或多个对象间传输信息以实现理解之目的”。遗憾的是，这一定义也不正确，而且管理者在沟通中失败的原因也正恰恰是这一点。

我在三年级的时候第一次知道了关于沟通的知识。那位教师首先把沟通包含的要素描绘为类似于电信的机制。她说这里面一定要有发出者、接收者及传输过程。如在两个城市之间的电报通信中，如果你在旧金山发出“点点横点”，纽约就会收到“点点横点”，除有人把电报信号杆给砍断了。如果纽约向旧金山发回一个信号，如“点横”，旧金山就知道纽约已收到自己发出的信息了。

这位教师又说这跟人们在交谈中所发生的一切相似。一个人（发出者）通过振动声带带动了空气的震动（传输），而这些震动通过空气传到了另一个人的耳中（接收者）。这些震动激活了内耳中负责把刺激信号通过神经突触传给大脑的机制。因为我们已经学会了解读这些刺激信号的意义，因此我们有能力理解单词的含义，从而便可以进行沟通了。然后这位教师提出了一个沟通的基本指导原则，大家很可能已经熟知了：“心口如一，言为心声。”

因此，在过去，我就像一位一度曾经颇有名气的电视名流的妻子那样看待沟通。他在一次电视节目中解释他妻子是如何在自己不能讲外语而外国人也不懂英语的情况下在外国跟人沟通的。他说，她认为，如果她向这些当地人以清晰、缓慢而又足够大的声音讲英语的话，他们就能够听得懂，即便这些人不懂英语也没问题。这种事并不像表面看上去那么奇怪；我们中的许多人在与别人沟通时就是这么做的，即便对方懂英语也是这样的。你是否有过告诉某人去做某事而那人却没有做的经历呢？你对此的反应是不是用更大的声音重复自己的话语呢？你甚至可能说过："你听到我说的话了吗？"你这时是认为自己沟通失败的原因在于自己说"点点横点"时的声音不够大。

理解思想传输机制

问题不在于听力。问题在于电气或电子通信和人与人之间的沟通方式没有共同点。首先，人的大脑可以用比说话快六倍的速度思考，而因为大脑思考得如此迅速，所以其主要功能是一种反应性功能。当然，大脑先要收到传输过来的信息，不过信息接收的速度如此之迅速，以至于信息还没传输完大脑就已经做出反应了。你可以通过对几个人说"在我跟你说话的时候说出进入你脑海中的事"这一方法来证明这一反应原理。接着你便对每个人说一个词，如"黑"、"上"或"硬"，你最有可能得到的反应是"白"、"下"及"软"，但没有谁会回答你说出的那个词。事实上，你可以说你选择的任何一个词，而他们永远也不会重复你说的词。如果你对他们说的是"点点横点"，则他们可能会回复"你疯了"。

如果沟通真的是信息传输，那么在你说"白"的时候他们也要说"白"；如果你说"黑"他们也要说"黑"。大脑主要是一种反应性器官，它并不思考你所说的，而会因为你说了某事而想到其他的事情上。你所说的事情就像一种触发器，创造出了作为反应的其他想法。

这意味着，如果你头脑里有你打算告诉其他人的一个想法，那么你所能做的最糟糕的事情便是把该想法组织成你所能够想到的最精确、最准确无误的话语，然后再说出来。因为你一说出那些话语，听众便会听到，但他们却会想到其他事情。因为大脑主要是一种反应性器官，所以成功的沟通就是思想传输而不是信息传输的一项功能。因此，如果你有一个想法想要传输给别人，那么你必须说或做某些事情，以让该想法作为对你所说的或所做事情的一种反应出现在听者的脑海中。

例如，假设你和我面对面站着，我的目标是让你相信我的诚实。我可能一开始会谈论我童年的生活、我的宗教背景及一直来我诚实可信的行事方式。在我继续讲述自己对诱惑的抗拒以及在跟别人交往过程中不求回报的诚实行为时，你可能开始感到奇怪："这个家伙试图从我这里得到什么呢？"瞧！这就是思想传输（无意中的）。

我们再举一例。假如我要吓你一跳，于是我对你说："吓一跳！吓一跳！吓一跳！"显然你不会被吓一跳，因此我便改进了措施并用更大的声调说出同样的话语。你有可能会被吓一跳吗？你更有可能抱有的想法是对我究竟是个什么样的疯子感到疑惑，以及我为什么会这么做。可是，如果我认识到沟通便是思想传输，而且想把"吓一跳"这一思想传输到你大脑里，那么我可能会等到你放松下来的时候，蹑手蹑脚地走到你的身后，然后用尽可能大的声音突然大叫一声"呼"；或者我可能端着一杯水然后戏剧性地在你面前绊了一跤，假装要把水全部泼洒在你身上。在这两种情况下你都很可能会从椅子上跳起来。

在这两种情况下我只字未提"吓一跳"三字，可是我成功地把"吓一跳"这个想法传输给你了。我在吓一跳这个想法出现之前做了一些事情，因此它就出现在你的脑海里。我在这里使用了思想传输法。同理，如果我希望让"我很诚实"这个理念出现在你的脑海里，那么我在你面前做一些让你感觉到我的诚实的事情，这样的做法会更有成效。例如，我可以在你必经之路上放一些钱，然后在你走到那里之前，我会走过去捡起钱来问这是不是你丢的。如果你说不是你的，那么我可能会建议你把钱交到失物招领处，或要你保管这些钱以便丢了钱的人来寻找。你可能会觉得我头脑有点不正常，但你同时也会认为我是个诚实的人。

如果大家承认沟通即思想传输而非信息传输的话，大家就必须认识到自己的所作所为是在为使该思想在某人头脑中产生而做铺垫。

我知道对大家来说，沟通即思想传输实在不是什么新鲜概念。例如，你是否有过送礼物给人以表达自己感情的经历呢？接受礼物的那人是否反应“啊哈，他是爱我的”或“我不知道他这是想干什么”？（或二者兼而有之）你是否曾向某人眨眼，或晃动拳头，或竖中指，或点点头，或耸耸肩呢？如果你的确有过这类行为的话，你便使用了思想传输。你的行为以某种方式传输了思想；你的行为促使一种想法出现。

近年来有多本就所谓身体语言做专题研究的著作面世。作者们详细解释了不同身体部位所传达的信息。事实上，身体语言是思想传输流程的一种理想示例。真正发生的事情是某人观察到别人的身体姿势，而因为有了这种观察，便有了一种想法在观察者的头脑里出现。关于身体语言的著作只不过是告诉我们这样一个道理，即不管你有什么样的意图，你身体的动作都向别人传输了一些想法。这些想法或许不是你有意传递的，但它就这样发生了。

事实上，很多时候我们的面部表情或身体动作准确传递了我们企图用语言进行掩饰的思想。例如，在一名员工正在做讲解及演示的过程中，你开始低头看桌子上的文件，这时会有什么思想传输进该员工的头脑中呢？不管是有心还是无意，你都传输了“我厌烦这些了”或“我桌子上的东西要比你讲的东西更重要”或“我并不是真的关心你在讲些什么”。

信息传输作为一个概念干扰了管理者的工作，因为他们把时间浪费在控制信息的传输上，而让思想传输失去控制。管理者常滔滔不绝地对着员工讲演。他们倾向于包揽整个谈话，不管这种谈话是表扬、提供帮助，还是试图消除问题。管理者把员工叫进来，然后便开始讲了。在管理者讲话的过程中，他对发生在员工头脑中的想法一无所知。管理者会假定员工在就自己讲的内容进行思考，但员工可能在猜老板中午究竟喝了几杯酒，他的心情是好是坏，或他是否发现了那个他们已经掩盖了痕迹而且祈祷他不会发觉的问题。关于沟通的一个简单事实是，当你在跟别人讲话时，你所能确定在围绕着该话题运转的唯有你的大脑、你的嘴巴，或许还有别人的耳朵。如果你想知道对方在想些什么，你就必须让对方开口说话。

一位初次使用思想传输法的管理者给我写了这样一封信：

> 本周，在跟手下的员工工作时，我尝试了用思想传输法作为主要沟通手段。尽管我还需要进行大量练习，而且我还必须学会慢慢来，但我仍然完全叹服于这一方法的价值。这是我在管理中首次体会到类似于在技术工作中解决了一个棘手问题或掌握了一个高难度程序之后的体验（那种任务完成后的放松大笑的感觉）。
>
> 我没有设法想一大堆不同的说法来保证自己的意图得到真实传达，相反我只是想出一种让对方把这话说出来的方法。这种方法取得成功的明显证据是令人信服的。

当我问管理者真正想从员工那里得到什么时，他们的回答始终是“投入”。当我要求他们解释“投入”的意思时，他们描绘了一种发生在员工头脑里的事。他们真正想说的是，他们希望在管理者需要员工去想某件事情的时候，员工想的和管理者想的是一致的。

要得到这种“投入”，以及判断自己是否得到了这种“投入”的唯一方法便是让员工亲自说出这种话。出自员工之口的话必定源自他们的头脑。这是判断自己是否成功地把思想传输过去的最基本方法，而且这会全面改变你与员工间沟通技巧的重点。与其自己说出这些话（告诉员工你希望他们知道的一切），你必须做一些事情来让这些话从员工的口中亲自发出。而这样的事情便是向他们问一些问题，对这些问题的回答正是你希望他们知道的。

例如，在我为经验丰富的管理者开设的教练研讨会上，我希望的是把下列思想传输进与会者的头脑里：①他们的工作不是要自己从头到尾忙得焦头烂额；②有些时候他们再做某些事情便不合时宜了；③尽管他们做的某些事情还行得通，但还有取得更好结果的更适当的方法。对我来说，最糟糕的做法则是对他们过去的一些显而易见的失败进行一番批判。如果我果真这样做了，我猜想他们头脑中可能会出现下列想法：

“这个家伙此前从来没见过我。他如何知道我是一个什么样的管理者呢？”

“难道我要在这里坐一整天听他辱骂我吗？”

“他不知道我是怎么做的，那么他又如何可以说我的哪些地方做错了呢？”

“看看他脚上穿的皮鞋多滑稽。”

“我就是死也不要打他打的那种领带。”

“我想知道能否及时结束课程好避开交通拥堵时刻。”

要避免出现这种种反应，我运用了思想传输法。也就是说，我会做一些会引发我希望在他们头脑里出现的思想的动作。我的做法是问他们诸如下列问题：

“对我来说，一件看似显而易见的事情是，环顾教室便可以发现在座的多数人都是做了相当长时间管理者的；因此，我假定大家在很长的时间里都一直在做一种叫作教练、咨询或评估的工作。那么这里就有了一个问题，意识到时间对大家的重要性，我想知道为什么大家希望在这个课程上花一天的时间，而且是花在一件大家显然已经做了许多年的工作上。”（然后我就打住了。）

然后，管理者便会告诉我他们之所以要在这个专题上花一天时间的原因所在了。如果我用了另外一种方法的话，大家的回答恰恰是我原本要对他们说的。这里面的重大区别是，这些话是出自他们之口而不是我的口中。而正因为这些话是他们亲自说出的，因此我便知道那些想法已进入他们的头脑中了。瞧！我已经成功地把那些想法从我的头脑里传输到他们的头脑中了。

在这一案例中我实际上做了两件事。第一件事是问他们一个问题，而第二件事则是问完之后便打住了。管理者难以与员工沟通的一个原因是员工常常运用沉默来胁迫管理者。为什么问题没人回答时管理者会变得如此紧张不安呢？因为沉默让人感觉难受，于是管理者便自己回答自己的问题了。停止这种做法。如果你自己回答自己的问题，你便在助长员工不回答的倾向。

如果你问了某人一个问题，而且你认为他正要回答，则自己先不要回答这个问题。在我的研讨会上，当我向各个管理者小组提出一个问题后，如上所述，通常会出现长时间的沉默。如果与会者们不立即回应这一问题，我会使用肢体语言向他们头脑中传输我并不想自己回答刚才我问的这个问题的想法。例如，我会放下手中的粉笔或荧光笔，然后在椅子里舒舒服服地坐下，就好像我会在那里坐一整天似的。同时我还会一言不发。我会等大约五分钟，如果我开口的话只会说："有谁需要我再重复一下刚才的问题吗？"我绝不会自己回答自己提出的问题。

事实上，这种沉默是很吓人的，不过我不会被这种沉默吓倒；我会继续使用沉默来胁迫这些我希望其对我开口的人们，于是他们便会开口了。

沟通中的另一个问题便是管理者接受沟通中的无交流现象。例如，有多少次在向一名员工解释完某件事之后，你想知道他到底有没有明白，于是你便问："你明白这一点了吗？"这名员工会回答："明白了。"你让他说出的唯一一个声音便是"明白了"。事实上，你并不知道自己讲的事情是否真正进入他的头脑之中。如果你希望了解他是否明白了你刚才解释的东西，那么唯一合适的问题是："请你把我刚才讲过的东西给我解释一遍好吗？"或"基于我们刚才的讨论，现在你给我讲讲你将如何去做那件事呢？"如果你让他们开口讲话，你就知道那些想法必定已进入他们的头脑之中了。如果你唯一得到的话语是一句"明白了"，那么你所能知道进入他们头脑之中的就仅此而已了。

总而言之，要在沟通中有效影响别人，你就必须承认，人与人之间的沟通并不是信息传输，而是思想传输。这是一种把一个想法从自己的头脑中传输到别人头脑中的过程。

因为人的大脑主要是一种反应性的器官，因此要把一个想法从你的头脑中传输到别人的头脑中最无效的做法便是用你所能想出的最具体最精确的语言告诉他们。如果你真的这样做了，那么他们的大脑会对自己听到的信息做出反应，结果他们就想到了别的事情上。

思想传输是由于自己希望在别人头脑中出现某个想法而事先说或做另外某事的过程。要验证思想传输成功与否的唯一方法便是让他们开口说话，让那些想法从他们的笔端写出，或让他们用唯有思想传输成功后才会有的方式做事（如从椅子上跳起来作为你传输"吓一跳"这一思想之后的反应）。这便是大家所面临的困难。

问题：我知道自己说了要你听到的事情，只是我无法确定你正在想的是不是我刚才所讲的。

解决方法：思想传输。提一个问题，让大家对该问题的回答正好是你想要告诉大家的。

第7章 商业中人员管理的实用方法

权威式管理与参与式管理是处在两个极端的相互排斥的管理选择，这两个选项设定了一个狭小的“竞技场”，限制了管理者对员工行为原因的全面理解。

接受了权威式管理为一种事物，而参与式管理为其对立物这种概念，我们就被诱骗进这样一种处境，即我们自我限制了对二者的理解及在二者之间进行选择的余地。在这一方法为业界唯一可用理论的情况下，管理者眼睁睁地看着自己陷入艰难的选择境地，员工或者被吓得战战兢兢、遭受惩罚从而失去上进心，或者受到关爱、得到认可因而积极进取。我们的员工绩效问题均被看作因那些在工作中不开心、没进取心的员工而起，而解决方案则均取决于那些乐于工作、进取心高昂员工的表现，全然无视影响员工绩效的其他因素的作用。

在对管理者未能纠正员工绩效问题的原因进行分析时，最常见的原因便是管理者把自己的纠正工作用错了地方，即他们把精力放在对症状的纠正而不是问题原因的纠正上。这一现象令人感兴趣的地方在于，管理者只是在应对自己掌管的人力资源的时候才这么做。如果你观察到一位管理者在遇到生产设备润滑不良的情况时所做出的反应是给设备喷漆，你难道不会觉得很荒谬吗？同理，当一位管理者发现某员工绩效低下时，他的反应是改变薪酬计划、为该员工改进绩效创设奖励，而不知事实上该员工绩效低下的原因在于他不懂得如何工作，这件事在我看来同样荒谬绝伦。

维吉尔·罗兰（Virgil Rowland）描述了他是如何洞察管理层诸多问题中的一个方面的。数年来，他收集了 8 000 位管理者对下面唯一一个问题的回答："要改善本职管理工作，或改进如何指挥员工工作，你觉得自己需要增加哪些领域的知识？"他的回复收集自基层管理者、副总裁及介于二者之间的各种岗位，包括部门主管及各种类型的公司、政府机构和其他组织的管理者。经过深入分析后，他把所有答复划分为下列四类：

1. 我们需要知道上级期望我们做什么。
2. 我们需要知道在履行职责和行使管理职能时预期可以得到的自由度。
3. 我们需要知道上级对我们工作绩效水平的期望。
4. 我们需要知道我们在管理中表现如何。

这些回答很令人失望，不是吗？大家会期望 8 000 位来自各个层级的管理者会描述一些更复杂或更激动人心的需求吧。话虽如此，这些却是实实在在的需求。

更令人失望的是，这些来自 30 年前的管理者的答复跟如今各个层级的员工在描述妨碍他们工作效能的因素时给出的答复如出一辙。这种状况在经营业绩年均增长达 50%~80% 的高科技公司里尤其如此，在这种情况下技术人员可能在一年内被提拔三次。

这种情况给人的真正启示在于，像缺乏指导或反馈这么简单的事情竟然可能是阻碍员工整体绩效提高的障碍。

员工何以不做分内之事

为了找出员工取得优良绩效及低绩效的原因并提出一种切合实际的解释，我在自己的研究过程中得到了一个更大的启迪。在撰写本书第 1 版之前，我已经收集到了 4 000 位管理者就“员工何以不做分内之事”这一问题给出的回答。这些管理者的教育程度从中学到研究生不等；他们来自银行业、制造业、零售业、公用事业及政府组织，代表了从一线管理者到总裁各个层次的管理者，而且包括了诸如研究、制造、营销、销售及行政等各种职能。

第一个令人惊奇的结论是，在被要求做出具体的回答时，管理者给出了非常具体而且切合实际的回答，对此不用心理学家的专业知识就可以做出解读。第二个令人惊奇的结论是，尽管这些管理者具有非常庞杂的背景，但他们的回答却高度相似。这一现象非常令人着迷，于是我把这个项目继续下去，最终在全球范围内收集到了 25 000 名管理者的回答并加以分析。额外数据把对员工何以不做分内之事的回答从 13 项扩展到 16 项，清单如下。

1. 他们不知道该做什么。
2. 他们不知道如何去做。
3. 他们不知道为什么该做。
4. 他们认为自己在做的就是该做的（因为缺乏反馈）。
5. 有些超出他们控制之外的障碍。
6. 他们觉得那样做行不通。
7. 他们觉得自己的方法更好。
8. 他们觉得有些事情更重要（轻重缓急问题）。
9. 做事没有积极结果。

10. 做事会有消极结果。
11. 不做事会有积极结果。
12. 不做事不会有消极结果。
13. 个人局限性（能力不足）。
14. 私人问题。
15. 忧虑（他们担心未来会有消极结果）。
16. 没有谁能做得来。

这些回答是按管理者通常给出的顺序排列起来的。在收到的回答中，清单上的第一条在 99% 的情况下是作为第一个或第二个回答出现的。在管理者试图解决员工个体的绩效低下问题时，他们极少把第一条作为解决问题的出发点，这一点颇令人感到奇怪。这一清单中另外一个令人感兴趣的方面是，只有两条跟员工的内在缺陷有关，如个人局限性（能力不足）和私人问题。该清单所列原因中的多数显然都是管理没有做对或出了差错所致。

多数原因看来都是因为沟通出了问题——缺乏指导及缺乏反馈。

这个结果给我和我的同事们的一大启迪是，不管是来自哪个层次的员工、出于什么理由不做自己职责内的工作，其原因总共只有 16 个。我们加倍努力寻找其他原因，结果发现了一些尽管措辞不同但均可以归入上述 16 个原因之一的回答。我们还发现，“动机”这个概念在此已不再有相关性了，因为这 16 个原因中的许多原因都在不必援引“动机”这个概念的情况下更具体地解释了人们会做出某种行为的原因所在。“如果告诉人们为什么要做某事，他们就会得到激励”似乎是种荒谬的说法，因为你实际上所做的一切只不过是在消除这个问题“他们并不知道自己为什么做这件事”。

我们发现“选择项”这个概念比“动机”在这里更具相关性。问大家为什么他们会选择不去做某件事，这会比问他们为什么没有动机得到更具体的解决方案。看一看这 16 个原因，大家可以发现第 1、2、4、5、13 及 16 条原因跟员工选择不做事无关。第 3、6、7、8、9、10、11、12、14 及 15 条原因则是他们会选择不做事的逻辑原因。婉转些的说法是，我完全被这些发现所震惊，这全面改变了我对人员管理流程的理解，于是我写了一本书，题为《员工何以不做职责内的工作及相应解决方案》。

当我在研讨会上问“员工何以不做好分内工作”时，管理者给出“他们不知道该做什么、他们不知道为什么做及他们不知道如何去做”这类答复，这一现象在我看来始终是既奇怪又矛盾的。可是，当我跟某位管理者讨论某名具体员工的失败原因时，他们总会将其归结为员工个人的、内在的，以及超出管理者控制的无法改变的因素。如果你觉得我是在指责管理者在处理员工问题时的做法不合逻辑的话，那么你是正确的。管理者之所以不能改善员工的绩效，一个主要原因便是他们的解决方案跟存在的问题扯不上关系。

在管理者跟我说他们希望改善员工绩效的时候，他们实际上是在谈论绩效改进的结果。不过，结果是没办法控制的。如果一件事还未发生，它就还只是一种预期、一个目标或一个目的。一件事一旦发生，它就变成了历史。你只能控制人们做的事情——导致结果产生的人的行为。

如果把结果想象成竞赛的终点，大家可以看到，人们在竞赛中所做的是一些影响竞赛结果的行为。在商业中，一天、一个月、一个季度或一年下来的结果也是同样的道理。在一天里的管理干预会影响那一天的结果。在一天结束时进行的管理干预对当天的结果没有任何影响，因为竞赛已经结束了。设定一个目标并预期出现具体结果是件好事，不过，在这段时间里管理人们的活动是保证预期结果出现的唯一方法。在工作关系中，管理者的决策影响结果的最早时间点出现在员工获聘进入公司之时。如果你聘请了一位身高 1.60 米的人去做一项需要身高 1.80 米的人才能做的工作，你没有可用的梯子，也无法降低工作所需要的高度，而这个人又没办法跳那么高，那么你的业绩就会很糟糕。你对员工的选择——基于对其与生俱来或后天习得的能力的评估——会决定你所选定的这名员工与工作要求的匹配程度。如果你选人不当，那么你未来的业绩从这个时间点上就开始受到影响了。

绩效是员工所做的据以领取薪酬的事情，如打卡、推拉制动杆、走路、谈话、坐、立、分析并解决问题、撰写程序代码、挥动扫帚或开飞机等活动。员工绩效是一种你租赁来的、预计可以产出期望结果的行为。任何层次的员工都极少会按我们的期望那样自然而然地行事。因此管理者就有必要改变并指导提升员工行为的质量、数量及恰当性，或者甚至只是告诉他们工具（如扫帚、飞机）在哪里就可以。这种告知行为是我们在商业中为改善员工绩效而应用的第二常用影响因素。有时候这种告知行为甚至算不上什么名堂，因为它只是喝咖啡时的闲聊而已，而且正因为这是种毫无名堂的行为，所以这种影响行为也常常毫无效果。可想而知，这种影响行为的一个方面是，你能够聘请到具有完成工作的必要能力的人，不过他们却没办法去做，因为他们不知道该怎么做。如果你不培训他们，你的未来业绩就会被拖累。

激励之外

当我问管理者“员工何以不做分内之事”时，他们常常给出的一个回答是“他们不想干”。当我进一步问他们“为什么员工就不想干”时，他们回答“他们没得到激励”。奇怪的是，如果第一个问题的答案是“他们没有得到激励”的话，则第二个问题的回答则通常是“他们不想干”。之所以会出现这种现象，原因就在于，当今多数管理者都对内化激励概念耳熟能详了，从而把员工显然有能力干好工作但绩效却不尽如人意的现象归咎为其自我激励不足。当我再问他们“为什么你的员工就没有被激励起来”或“他们为什么就不想做分内的事”时，他们给出了如下切合实际的答复：

"工作很无聊。"(没有结果)

"他们认为这工作掉价。"(消极结果)

"他们宁愿干别的。"

"来自同辈的压力。"(消极结果)

"他们认为薪水不够。"(没有积极结果)

"他们想让老板难看。"(不做事的积极结果)

"他们的工作没有得到认可。"(没有积极结果)

"恐惧。"(他们预计未来会有消极结果)

如果我们把这些说法跟我们所了解的行为管理加以比较的话，这些缺乏激励的说法看来就不那么神秘了：人们之所以做事，原因就在于他们做事所产生的结果。例如，如果我们知道了人们做某事产生的消极结果之后，就不难理解他们不做某些事情的原因了：工作无聊；他们认为自己做这件事会显得很傻；或如果他们做了该事会受到社会排斥（同辈压力）。相反，如果人们因为不做事便可获得积极结果的话，那么他们为什么要做事呢？例如，如果不做该做的事，他们可以做些别的他们喜欢的事情，或如果他们不做，会有别人来做，或他们会因为不做事而受到关注。

如果你的员工有办法做某事，并且也在该方面得到了培训，不过做事后产生的结果却并不强化该行为，那么大家就可以预计这种行为并不会出现。因此，你未来的业绩就会受到拖累。对员工做或不做你期望他们做的事施加关于结果的影响必须成为你管理干预活动的一部分。

通常被想方设法改进绩效的管理者所忽视，但对绩效有着重大影响的另一类影响是外部影响——实现绩效过程中的障碍。这指的是实现绩效所必须却没有出现的事物，或不该出现却出现从而扰乱工作的事物。这可能是些超出行为人控制之外的条件，如下大雪、停电、飓风、火灾或遭遇盗窃。这也可能是由于其他方面的失败而导致行为人完成工作所需的某些部件、信息或工具等没有到位。例如，因为没有人给员工配备进入必要工作场所或区域所需的安全许可，故而员工没能完成工作；或他们拿到的数据库密码不正确；或某人被告知去做某事，可是他的同事没露面。

我知道这么一家被自己的数据处理系统搞得焦头烂额的公司。负责挑选硬件的管理者在下订单时就已经知道该硬件无法满足公司的需要，只不过他的上级使他相信董事会是不会批准增加开支的。因此管理者就没有要求增加预算，而是建议采购并不适用但价格较便宜的硬件。猜一猜谁因此而吃了苦头？吃苦头的不是这位管理者。另外，另一类极少被人们意识到的障碍是来自两个或两个以上管理者相互冲突的指示。

读到这里大家可能会感到奇怪，为什么要描述这些在每位管理者看来肯定都完全合乎逻辑的事情呢。你可能会感到好奇："为什么不是每位管理者都理解这些影响因素？而且，虽说没有明文写下来，但他们在解决问题时为什么不运用这样的分析方法呢？"我对此同样感到奇怪。不过我可以斩钉截铁地告诉大家，在美国，多数管理者并不是按这样的方式来分析他们自己面临的人员绩效问题的。相反，他们的做法是从动机方面入手解决培训问题，或用培训解决面临的障碍。

这方面我最喜欢引用的一个例子来自一家零售企业大型配送中心，该中心每天向其负责的600家零售店配送15～20辆货车的货物。该中心面临的情况似乎是，货车每天送货到零售店时总有沉重的五金件箱子压在装灯罩的纸箱上面，在运输过程中把灯罩压破挤烂。一罐罐的油漆倒放在车上，罐子通常会在运输途中被颠簸开，罐子里的油漆便滴出来，滴在其他商品上，造成这些商品报废。配送中心经理认为解决问题的唯一方法便是对员工进行培训，教会货车装载工如何把重物放在底下，而且按纸箱上的箭头方向码放。他对我说，尽管他就这种破损所造成成本增加的严重性以及他们做好本职工作的重要性跟货车装载工谈过许多次，可情况不仅没有改善，反倒恶化了。

在答应为他们设计培训计划之前，我告诉他我得亲自到工作现场去看一看实际工作是怎么回事。我发现了下面这些情况。每辆货车都有 10 米长，而且四周完全封闭。有一条传送带从仓库里经过装载坞伸到每辆货车里。传送带会随着货车逐渐装满而往后收缩。待装载的货物预先码放在仓库中，大约在比货车高 30 米的位置。当货车做好装载准备工作后，仓库中的货物便依次被搬到传送带上，传送带以恒定速度把货物输送到货车里。货车里有两位装载工，他们负责把货物从传送带上搬下来，然后从下往上码放到车厢顶。不管有没有货物传送过来，传送带会一直转动。事实上，装载坞的一条规则就是“除了装载工头，谁也不能关掉传送带”。

当进行装载的工作准备完毕后，装载工头会核实装载工已进入货车准备工作。然后他会指示仓库里的员工开始把货物往传送带上摆。这时工头会离开，去其他地方查看同时进行装载工作的货车。一旦开始往传送带上摆，则仓库里的货物便会几乎源源不断、毫不停歇地被传送到货车里。

在货车里发生的一切就像陈年的“真人秀”节目，一个人被安排进一间屋子里，有一条传送带从墙壁外伸了进来。他被告知会有馅饼从传送带上传送过来，而他的工作就是要把这些馅饼放进一个个盒子里。开始几分钟一切都很好，不过传送带的转动速度在逐渐加快。这个人也加快了自己的节奏，不过他还是没办法跟上传送带的速度。场面非常滑稽，他把一张张馅饼快速扔进盒子里，与此同时，仍然还会有馅饼掉落在地面上。

货车里的情况与此相似。当一位货车装载工从传送带上搬起一个沉重的箱子时，当时的环境要求他把这个重箱码放在一个灯罩纸箱上面，合乎情理的做法是放下这个重箱，搬开灯罩纸箱，把这个重箱码放到位，然后再把灯罩纸箱码放在上面。遗憾的是，一位货车装载工停下来抓抓鼻子的工夫，就会有一个箱子从传送带末端掉到车厢地板上，有时甚至会砸到他的脚上。事实上，装载工并不是从传送带上搬起货物，而是在传送带末端接住掉落下来的货物。如果他停下来去搬动放在地板上的灯罩纸箱的话，他就会被从传送带上掉落下来的货物埋在里面。他无法关掉传送带，而且他也没办法发信号给装载工头或在仓库里往传送带上码货的员工。因此，他就不停地码放箱子；五金件箱压在灯罩箱上面，箭头指向下面或侧面；箱子以什么方式从传送带上掉下来，他就以什么方式把箱子码放在车厢里。根本就没有时间容许他有其他做法。

这个问题的解决方案不是搞一场培训。在传送带接入货车的末端上加一个开关，货车装载工得到授权，任何需要搬动纸箱的时候都可以关掉传送带。在货车里安装上开关后，由于装载不当而造成的破损率便下降了。

绩效不佳的原因看来非常明显，是超出装载工控制之外的外部因素所致的。配送中心经理并没有正确分析造成这种绩效低下的原因。如果我设计并开展了一场培训的话，问题并不会因此得到解决。

前文所述的16条原因中的每条都会对绩效产生影响，从而影响结果。你可能会有一名员工，他有能力、有意愿而且知道如何去做，却因为超出其控制之外的障碍而无法做。你可能会有一名员工，该员工没有能力做好你要完成的工作，而且不懂得如何去做，但他有意愿去做，这样一来结果的不幸程度是相同的：低下绩效或没有成就。

一个显而易见的道理是，对低下绩效原因的错误结论会导致你采用错误的解决方案。通过第9章讲述的教练分析详细步骤，大家便可以准确地分析绩效低下问题的成因。这会带领大家通过对员工绩效进行系统的、功能性的分析来精确查找绩效未达到工作所需程度的原因。

第8章

反馈的神奇力量

很久以前，人类行为心理学家便在研究中发现，反馈是取得任何一种持续高水准的绩效中最关键的条件。如果没有经常性的具体反馈，人类行为就会表现得五花八门，而且通常会遭遇失败。

设想你自己孤身一人站在一条保龄球道上准备出球。一切似乎都不错，只是在球刚出手的瞬间，球瓶上方的灯突然全部熄灭了。你听到球瓶倒下的声音，只是看不到击倒了多少只球瓶。环顾四周，你看不到任何人，只好大声喊：“嘿，照球瓶的灯全熄灭了，我看不到击倒了多少只球。”有一个声音从保龄球上方某处传了过来：“还有两只没倒。”你又喊：“是哪两只？”这个声音回答说：“别烦我。再击球就是了。”显然你别无选择，于是你便再次向自己看不见的球瓶击去。这次你没有听到任何球瓶倒下的声音。过了一会儿，球瓶上方的灯亮了，你看到球瓶又摆好了。你自言自语说：“嗯，这样好些。”于是你准备打第二局。在球出手的瞬间，球瓶上的灯又全部熄灭了。你大吼：“嘿，把灯打开或者告诉我到底发生了什么好吗？”你再次听到那个声音：“别再烦我了。我手头够忙的了。继续打下去。两小时后我会告诉你打得怎么样的。”

我们假装你继续在这种环境下打了下去。两小时结束时，这个声音说：“我回来了。”你问：“我打得怎么样？”这个声音回答：“不太好。”你问：“什么成绩？”这个声音说：“我不知道，不过成绩很糟糕。”即便你是一名出色的保龄球员，这样的成绩也没有什么值得大惊小怪的。令你感到不舒服的原因在于你被剥夺了获得反馈的权利。你无法看到自己每个动作产生的结果，因而你无法对自己的行为做出有效的修正。

各个层级的员工绩效不理想的一大原因在于，他们在自己所从事的工作中缺乏反馈。据估计，商业中约有 50% 的绩效低下问题是由缺乏反馈引起的。员工不知道自己的工作做得是好是坏。如果他们觉得自己做得还好的话，那么他们就没有理由改变自己的工作方式了。

在商业中运用反馈改善绩效最广为人知的一个范例发生在金刚砂航空货运公司中。这家货运公司工作中的一个流程便是把来自多个客户的小运单合并到一个大型集装箱中，然后作为单一货品走空运。该公司的想法是把所有此类能走集装箱的小运单的 95% 都合并到集装箱中。尽管对实际合并到集装箱里的小运单的百分比没有统计，不过公司一般认为这个 95% 集装箱化的标准目标已经达到。各个层级的管理者及码头工人都认为他们已经把该做集装箱化处理的小运单中的 95% 都进行集装箱化处理了。然而对这一流程的最终审计揭示，该公司的小运单合并率仅为 45%。这一消息令所有人都感到震惊。

在要求每位码头工人对其实际工作绩效做出反馈之后，这个问题便得到了解决。具体做法是，要求每位码头工人在一张表格里记下每件货物的货主名称，记录处理的每单货物是否达到集装箱化处理的要求，同时标注是否真正对该货物进行了集装箱化处理。在每班交接的时候，码头工人都会计算出实际进行集装箱化处理货物和需要进行集装箱化处理货物的百分比，并把表格交给自己的主管。当这种表格在全国范围内得到推广之后，一夜之间集装箱化处理结果便从 45% 飙升到 95%。是的，你没有看错，是一夜之间发生的事情。

在你把这一切归结为奇迹之前，考虑一下这个问题的以下方面。

1. 工人知道何谓集装箱化处理。
2. 工人知道自己应该做那种所谓集装箱化处理的流程。
3. 所有进行集装箱化处理的工具及用品一应俱全。
4. 工人认为自己已经做到了。

这显然是一个反馈方面的问题。该公司并未要求 100% 的集装箱化处理；只要达到 95% 即可。码头工人们也认为自己的集装箱化处理率达到了 95% 的水平，因此他们为什么要改变自己的做法呢。他们每经手一个箱子时，都会认为这是属于那 5% 的部分。因为工人们手头没有统计数据可用，因此他们也就无从知道他们放过了的小运单究竟是 5%、10% 抑或是 50% 的货物。这就是一个通过给员工提供反馈就解决了的反馈问题。商业中看起来像动机性问题的，实则有 50% 都属于反馈问题。

三种类型的反馈

如果各个层级的员工都认为自己做了该做的事，那么他们为什么想要改变自己的做法呢？缺乏具体的、经常性的反馈，就是产生不当行为的一个最常见的原因，因此给出具体反馈便是最迅速、最经济而又最有效的改善绩效的干预方式。有效的当面反馈并不一定要比下面的话语更复杂：

> “你知道你是上交每周报告的人中唯一迟交一天多的人吗？”
> “你知道你手下的员工在抱怨你不允许他们表达自己的意见吗？”

“你知道你打出来的文件里每页有两处打字错误吗？”

“你意识到自己在公众面前批评员工使得他们很尴尬吗？”

“你知道你在销售演示中展示了第一件产品后，讲话便开始含含糊糊吗？”

当你这样问问题时，你事实上是在给出所谓的中性反馈。中性、积极或消极指的是给出反馈的方式。消极反馈会是这样的：

你出了什么毛病？你就不能多在报告上花些时间以便按时上交吗？（对迟交报告问题）

你最好改掉自己那令人讨厌的态度，而且不要把人当傻瓜对待。（对不允许员工表达意见的行为）

你不具备成为一名成功销售人员的专业素质。（对说话含含糊糊问题）

请注意这些反馈评论都是训斥性的，而非有用的信息交流。同时还请注意这些评论都不够具体，因而也就没有用处。如果有人踩在你的脚上，你说：“你知道你踩在我的脚上了吗？”那么你会得到即时的适当反应。但是如果你不这么说，反而说：“请原谅，人在拥挤的社会环境中难道不应该留意周围人占据的空间，并对此表示体谅，以免造成不受人欢迎的偶发性肢体接触吗？”人们会神情怪异地看你。当然，你也可以说：“挪开你的脚，蠢货。”不过这样你也许会掉几颗牙齿。

积极反馈会是这样的：“嘿，我看到你按时把所有报告都交上了。继续保持这种良好的工作状态。”

你会发现员工通常并不知道他们在工作中犯了多少错误，或他们实际上有多少天上班迟到了。有时候员工会知道自己犯了多少错，但同时会认为所有其他人都犯了同样多的错误。换句话说，员工知道自己的绩效水准，不过他们认为所有其他人的绩效也同样糟糕。

有时候员工知道他们做了不该做的事，但他们不知道这是个问题。你给他们的反馈便是让他们知道他们的做法不能令人满意。解决拖沓问题的第一步便是要告诉该员工他有多少次拖沓问题，而这是你所不能接受的，然后要求该员工纠正这一问题。做法如下：

你：查理，我注意到在上周五天中你已经迟到了三次。这种行为是不可接受的。请你按时来上班好吗?

查理：没问题，我肯定努力按时上班。

你：多谢。

这便是所谓的反馈讨论。请注意，你的话语同时还提及预期绩效："请你按时来上班好吗？"对这种反馈讨论的惯常反应是绩效的改善。

通过运用给员工一种就事论事的反馈这一做法，你将可以消除许多绩效方面的问题。如果你已经查明了一种问题行为，如不在工作岗位上的时间过长，则你跟员工的第一次谈论应该是像这样的反馈性话语："玛丽，我注意到你本周不在岗的时候超过六次。请你把离开岗位的时间限制在规定休息时间内好吗？"

如果员工因为不知道自己做得怎么样而导致劳动生产率不尽如人意，他们需要的就是精确到小时层面上的反馈。事实上，在某些工作中，你可以通过向员工提供精确到分钟或小时层面上的反馈来改善其劳动生产率。我并不是建议大家把全部时间都花在对员工每小时的绩效给出反馈上，而是需要创设一种不需要通过管理者之手便可通达员工的反馈机制。这可以是由员工本人按时间或按完成阶段在工作流程的规定时间段内自己进行的检查、计数或比较等简单行动。如果保龄球手自己记录成绩的话，那么他们就是在运作自己的反馈系统了。

反馈的一个有趣方面出现在一家大型企业部门副总裁的例子中。他跟我讲了手下一名员工的故事，这名员工负责制作涉及各具体项目市场分析的全方位市场报告。这位副总裁抱怨这些报告提交上来时总是不够完整，因为它们没有回答这位副总裁认为报告中应该回答的所有问题。听了我说这名员工可能不知道完整的报告应该是什么样子的，副总裁与这名员工一起就所有报告中都应该回答的关键问题制定了一个清单。

这位副总裁不久便跟我联系，告诉我他照我说的去做了，可是随后交上来的报告仍然不完整。我问这位副总裁，这名员工在把报告提交上去之前是否对照着完整报告问题清单检查过。副总裁说他不知道，不过他会去查明的。又过了不久，副总裁又联系上了我，说真是够令人感到稀奇的，尽管这名员工有了问题清单，可在把报告提交给老板之前却并未对照着完整报告问题清单进行检查。这位副总裁指示这名员工以后在向老板提交任何报告前都要对照着完整报告问题清单检查一下。后来所有提交上来的报告都达标了。

在这一案例中，这位副总裁做的第一件事便是为该员工建立一个反馈的基础（完成后的报告应该是什么样子的）。这为员工在完成报告后的自我反馈提供了一个理想的基础，可以据此判断报告是否已完成。

总而言之，由于缺乏反馈而造成的绩效问题只能通过向员工提供反馈来解决。在一些例行性或重复性工作中，这似乎是一种合乎逻辑而且很容易做到的事，不过在所谓的创造性或无法度量的工作中，反馈也具有同样的重要性。如果你不知道如何度量某项工作的绩效，这并不意味着这些工作无法度量，只是你还不知道该如何去度量它而已。

第9章

教练分析

现在我们就要敲定大家可以在员工没做分内工作或做了非分内之事的时候采取的流程的细节。这一流程被称为教练流程。这是一个分四步走的流程，会指导大家使用纠正绩效问题所需的干预方法，包括从最简单到最复杂的干预方法。

第一步：中性反馈。把低绩效告诉员工并要求其加以纠正。跟进检查是否有了改善，如有改善便加以强化。

第二步：继续中性反馈。如果绩效没有改善，则把低绩效告知员工；询问出现低绩效的原因所在；询问采取哪些具体行为可以改变这种绩效；如有需要，向其提供帮助。跟进检查是否有了改善，如有改善便加以强化。

第三步：教练分析。如果绩效仍然没有改善，则运用教练分析以便理解绩效何以不尽如人意，如果发现导致低绩效出现的因素，则采取措施加以消除。

第四步：教练面谈。如果低绩效是由员工主观意愿造成的，则使用教练面谈法让员工改变其主观意愿。

教练分析中的第一步对于你能否做好一名教练有至关重要的作用。本分析的目的在于帮助你回答“何为绩效影响性因素”。这并不是一个反问，而是一个为了求索事实而提出的问题。这跟管理者发现员工在绩效方面出现纰漏之后的更普遍的反应形成对照，管理者的常见反应如下：

“我知道什么地方出了问题。他只需要在……方面有人推他一把就行了。”

“我们为这项工作支付的薪水不够高又怎么了？你还能期望什么呢？”

“你是知道现在那些年轻人的。你也不能有更高的期望。”

“你没办法从这些老家伙身上得到更多了。”

“我们只是必须弄几个态度好的家伙到这里而已。”

“嗯，我猜又到了该给这帮人来一通打气话的时候了。”

“她一定是在家里遇到了些私人问题。”

这些话一旦出口，便被接受为低绩效的原因，而说这种话的人会在不做任何进一步分析的情况下便相应行事。

管理者常常罹患的一种常见职业病就是这种“全知全见病”。大多数情况下“病人”缓慢发病，而且“病人”对此也毫不知情；他们就那么患上了这种病。这种病的典型特点是“病人”有办法闭目塞听，或眼睛看着天上的情况，还能知道感官感知极限之外的情况。“病人”在不必联系事实的情况下，便斩钉截铁地声称他们知道事情的进展及事情发生的原因。罹患这种职业病的管理者从来都不会问这样的问题：“是什么因素导致绩效不佳呢？”他们会立刻宣布他们知道绩效不尽如人意的原因所在，以及出现这种情况的准确原因。

毋庸赘言，这种综合征会使得管理者做出一些自毁性行为，按绩效不佳子虚乌有的“正确原因”积极应用解决方案。这一故事的道理在于，如果你对“是什么因素导致绩效不佳”这一问题的回答是“我知道是什么原因”的话，那么便开始忧心吧。

为帮助你避免犯这一错误，教练分析（见图 9-1）会用步骤详尽的分析来帮你查明该错误所造成的问题，以及应当采取的合适纠正性行为举措。尽管教练分析流程看上去又长又复杂，不过在读完每步的解释后，你便会意识到，其程序简单到只需花费数分钟时间便可走完整个流程的程度。如果信息充足，这个教练分析可以由管理者一人完成。如果你手头的信息不足以回答这个分析中的所有问题，那么就有必要找个熟悉情况的人或直接跟相关员工交谈来获得信息。如果为完成教练分析而跟员工谈话收集信息，这种交谈就不应当是批评或斥责。换言之，在你发觉绩效中的不足后，第一次跟员工的交谈或许应该是就所发生的事情收集信息。这独立于且区别于你完成教练分析并查明低绩效原因之后跟员工的任何交谈。

查明有哪些低绩效

教练分析中的第一步便是查明有哪些低绩效。谈论这一步看似毫无意义，因为低绩效总有办法冒出来咬你一口。不过更确切地说，真正冒出来咬你一口的是这类低绩效带来的结果。

例如，要看出某人的销售业绩下滑，或报废率增加，或错误率上升是件很容易的事。这类结论只不过是该员工绩效带来的结果或后果而已。你仍然不知道造成这些结果的原因是什么。有必要了解某个员工具体做错了什么事或未能正确地做好什么事，导致销售业绩下滑、报废率增加或错误率上升。员工的绩效就是员工的行为，即他们所做的被称为工作的事情。作为一位管理者，在选择正确的解决方案改变这一现象之前，你必须首先弄明白这是种什么样的不当行为。

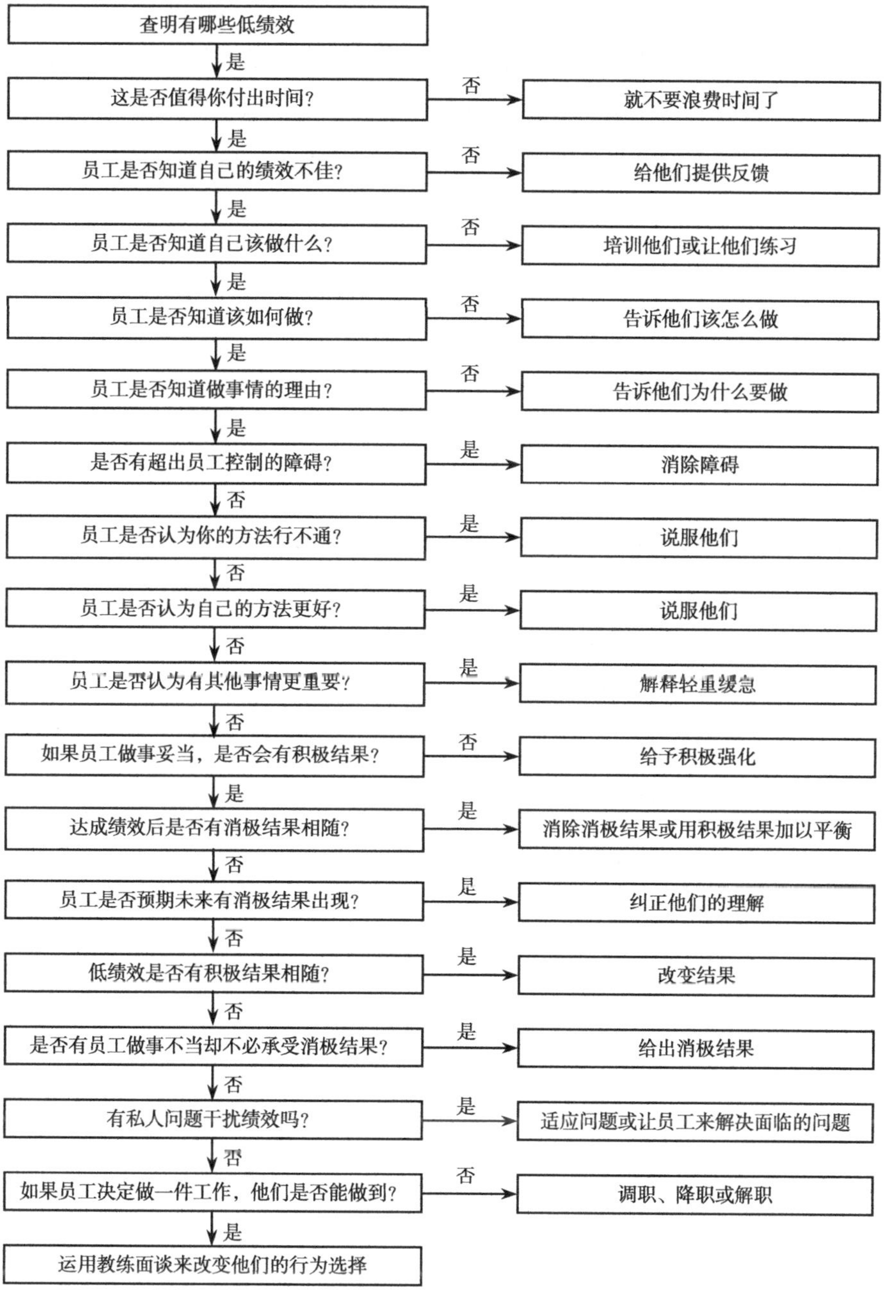

图 9-1　教练分析：什么因素导致绩效不佳

如果只是把员工叫进来，告诉他要提高销售业绩或降低报废率，似乎是种简单得多的方法。不过你是否这么做过呢？如果你的确这么做过，结果怎样呢？大多数管理者都告诉我这个方法偶尔会管用，但不经常管用。方法不管用的原因在于大多时候员工并不知道要做怎样的改变才能改变结果。

想一想你上一次这么做是什么时候。假设该员工回应你说："老板，我很乐意改变。请告诉我该怎么做才能改变结果呢？"你能够告诉员工该具体做些什么吗？如果你做不到，那么你又如何期望员工知道该如何做呢？不要觉得丢脸；许多管理者之所以没有遇到这种尴尬，就是因为员工一般不会问那个问题。

管理者没有得到升迁或被降职，最常见的一个原因便是所谓的"无法与其他人共事"或处理不好人际关系。这是一个常见问题，因为这种描述方式已把切实有效的纠正方法排除在外了。

例如，我认识的一位管理者被告知"你说话伤人感情（you are abrasive，字面意思是太容易摩擦）"，"你把别人惹毛了（you are rubbing people the wrong way，字面意思是你没有顺向揉搓）"，以及"你惹怒人们了（you are ruffling people's feathers，字面意思是你弄皱人们的羽毛了）"。上级建议他纠正这一问题，否则他在组织里的前途就会受到限制了。他所能采取纠正这一问题的一个显而易见的措施便是穿上更柔软的西装以便不那么具有摩擦性，和人交往时留出更大空间并把双手插在口袋里，这样便无论如何也不会揉搓到人了，以及在和长有羽毛的人相邻时不对着他们吹气。

现在你可能会回答："太荒谬了，我知道他们说的是什么意思。"不过对于具体做错了什么事，你仍然只是在猜测而已。这位管理者知道出现了问题，只是不知道自己真正做错了什么事。但是假设这位管理者实际做的是：

1. 在把工作交给同事时，他并没有请求帮忙，而只是要求。

2. 当员工完成工作后交给他时，他从来就没有表示感谢。

3. 当员工交付工作时，如果工作中有 99% 是完美的，他从来不会谈论工作做得怎么出色，相反总是揪住这 1% 的错误不放。

如果你把这种情况描绘给这位管理者听，他可能会写出自己能做到的具体纠正问题的措施，如“说请字”，“某件事完成后口头或书面表达感谢”，以及“按比例谈论某事做得如何出色，以及如何糟糕”。

这些具体的纠正性措施会解决该问题，不过如果对该问题进行宽泛描述的话，我们就无法对此加以解决。为了帮助大家更好地分析人类行为，可以看一看下述话语，其中有些描述的是可度量行为，而有的则不是。

“我的会计主管怕做决策。”（恐惧是存在于一个人的头脑内的东西；你无法度量这一事物，甚至无法知道它是否存在。如果你的会计主管告诉你他怕做决策，则这种“怕的说法”是可以度量的，“不做决策”也是可以度量的。）

“我秘书的心不在工作上。”（“心”是内在于人们头脑中的东西，而且是无法度量的。如果你说这位秘书把时间浪费在打个人电话、阅读跟业务不相干的杂志、应酬上，或就是坐在那发呆，这些事情就是可度量的。）

“我秘书给我太多个人建议。”（这是可度量的。建议是某人告诉你该做或不该做某事，而且你也可以把这些建议划分为诸如个人、财务、育儿、买车、商务或政治等诸多类别。何谓太多，则可依据你认为足够的量来加以度量。你可以说：“在我着装一塌糊涂的时候跟我说说是没问题的，但不要告诉我该如何跟老板讲话。”）

“我的首席工程师觉得他无所不知。”（你不知道人们怎么想的。

如果他们告诉你他们心里想什么，这种说法就是可以度量的。引发这一评论的行为来自下一句话。）

“我的首席工程师爱打断我的话。”（你可以度量这种情况发生得有多频繁。）

“我的信贷经理总惹怒人。”（My credit manager ruffles people's feathers，字面意思是“我的信贷经理总爱弄皱人们的羽毛”。）（人们身上不长羽毛。你须拿出事实：员工做了哪些事使得你认为他惹怒人。）

“我的一名员工忘记了谁才是老板。”（忘记是发生在人们头脑里的事情——你无法度量。如果该员工一边转悠一边嘴里念叨：“谁是老板呢？有谁可以告诉我谁是老板吗？”这时你才有可以度量的行为。在员工表现得太聪明、问一些问题、不同意老板的观点或在老板吼叫的时候吼回去时，有些管理者就总结说这些员工忘记了谁才是老板。）

“我的首席程序员在为我工作的时候失去了热情。”（热情是人们在别人行动迅速、表现出很高兴趣或工作中面带笑容时认为他们具有的一种品质。你无法度量热情，却可以度量你认为表示热情的行为。）

“生产线主管指派工作，却不跟进查明他们有没有照做。”（跟进行为及频率是可度量的。）

“前台接待员就是不想遵守规定。”（“想”是内在于人们头脑中的事情，是不可度量的。不过你可以度量一名员工没有遵守哪些规则，以及有多少次没有遵守规则。有很多规则是大多数人不想遵守的，但是我们不喜欢由此产生的后果，因此我们还是选择遵守规则。）

你得知道员工做错了什么或什么事没做对，才使结果不尽如人意。例如，迟交报告是由员工没有按时开始工作、在不重要的事情上浪费了时间，或缺勤次数过多所造成的吗？这里提及的每项员工行为都是可以观察、讨论及管理的，因此在查找到造成低绩效的具体行为之前要一直自问“为什么”。避免用下列毫无意义的宽泛话语：

他想法很消极。

她的脑子在神游太虚。

他不够坚强。

她很懒。

他需要人推一把。

他不动脑子。

她得低调些。

他有些古怪。

她还需要磨炼。

一位管理者在一次研讨会上把低绩效描述为“我的秘书总喜欢像母亲关照孩子一样对待我”。他描述的不是具体的行为，而是他想象的发生在他秘书头脑中的意图或意愿。当我问他“你说秘书喜欢像母亲一样对待你，那么她做了些什么事情呢”时，他在回答中说的是些具体可识别的行为不足：“她给我提出了过多个人生活方面的建议。”如果教练流程的目的是让某人停止做不该做的事或开始做该做之事，那么你就必须查明造成问题的行为。

一位销售经理告诉我，他曾经跟一位销售业绩下滑的销售员有过一次长谈，不过经过这次长谈之后，该销售员的业绩并未上升。他问：“现在我该做些什么呢？”当我问销售业绩为什么会下滑时，他说：“因为他没进行推销。”

我接着问：“销售员做错了什么或什么事没做对，才使得你说他‘没进行推销’呢？”他回答：“我不知道。”唯一合乎逻辑的做法便是让这位经理走出办公室，实地观察一下这位销售员，看看他哪里做错了或哪里做得不对才导致销售业绩下滑。

在识别低绩效时的一大困难在于大多数管理者都认为自己找到了存在的低绩效，尽管事实上他们并未找到。例如，如果一位管理者试图纠正员工的迟到问题，她会就迟到次数太多跟员工谈话。这位管理者极少会根据工作时间表上规定的开始时间准确记录下员工迟到频率及具体迟到程度。如果有计时卡可用，某些管理者可能会费点工夫找出这类信息。但如果没有可用的计时卡，就极少有管理者会花费精力自己去做记录。更重要的是，管理者极少知道所有其他员工的正常迟到情况是怎么样的。对于管理者来说很容易出现的一种情况是，一旦他们嗅到了问题员工的一点问题，他们便收集部分信息来支持自己认为他比其他人都差这种笼统印象。

在管理者因为员工迟到而大发雷霆，而员工提出反驳“所有人都迟到过，你为什么单挑我批评”之时，这类问题的一个副作用便出现了。这名员工知道所有人都时有迟到现象，因此，这名员工便认为老板单单批评自己的这一立场是不合情理的。

我们换一个角度来看这个问题。假设你因为某员工的迟到问题过于严重而把员工叫进办公室，告诉她必须解决这一迟到问题。假如你已就此跟她谈过好几次了，而情况并没有改观；你警告她，如果她再迟到的话你就只得开除她了。听上去这种警告当然合情合理，不是这样吗？可是你的警告难道意味着如果她在未来 20 年里再迟到一次（假设她会在公司里待那么长的时间），你就开除她吗？当然，你并不是那个意思。好吧，那么你是指如果她在未来的两年内再迟到一次的话就开除她吗？嗯，你是不是有这个意思还存在着疑问。那么，你是什么意思呢？如果你并不真的是那个意思，你为什么要说“如果你再迟到的话，我就开除你”这种话呢？如果政策或惯例上有某种可接受的迟到量，那么这个迟到量便是那条众所周知、人人皆不得逾越的红线。如果你接受每月不超过 30 分钟的一次迟到，那么这便是你必须说出的话：“如果你每月迟到超过一次，时间长于30分钟的话，我就得开除你了。”

另外一种常见情况是管理者发现员工打过多的私人电话。管理者会告诉员工：“不要打那么多私人电话。”遗憾的是，管理者从来没有向员工解释何谓“那么多”。管理者是说上班时间不得打任何私人电话，抑或如果你把私人电话限制在早上一个下午一个就行了呢？

商业上许多不尽如人意的绩效结果通常是由涉及所有人的同一类行为造成的，只不过在该员工身上这类行为出现得比其他人更频繁而已。在认识到问题的存在及开始解决问题之前，你必须首先查明这种不佳行为发生的频率。最佳做法是使用一种叫作工作抽样的技巧。简言之，这意味着你要实际制作一份在特定时间间隔里对该员工或员工工作情况的观察记录。例如，假设你已得出结论，某人劳动生产率下滑的原因是其不在岗的时间过多。你的印象是“每当我走过那里，似乎都看不见查理的人影”。那么下一步便是进行工作抽样。在一张 A4 纸上画出竖线，每名员工一列。然后再画横线来形成一个个格子图表。在左手边的一栏里标出你打算观察问题员工的时间；每小时一次就够了。

在一整天的每个小时里都去工作区域走动观察一下，不仅观察查理，还要观察其他做类似工作的员工。然后回到办公室里把观察到的每名员工的情况记录下来。本例用一个简单的“A”表示不在岗，“T”表示在岗。如果你每小时记录一次，每天结束时你就可以分析收集到的信息，以判断查理是否真的比其他员工缺勤次数多，同时具体查明其差异。你的工作抽样表看上去可能的样子如表 9-1 所示。

表 9-1 在岗情况

时间	WJ	CF	MP	FW	JW	HS	GP
9:30	T	T	T	A	T	A	T
10:30	T	A	T	T	A	T	T
11:30	A	A	T	T	T	T	T
12:30	午　餐						
13:30	T	A	A	T	T	A	A
14:30	T	T	T	A	T	T	T
15:30	A	A	T	T	T	T	T
16:30	T	T	T	T	T	T	T
	2	4	1	2	1	2	1

如果你无法做到每小时记录一次，你或许可以一天记录三次或四次，但一定要重复数天。最终结果也会相同。你将记录下一组员工的在岗情况，从而可以把问题员工的行为同其他员工进行一次实事求是的比较。有了这个事实依据，你就可以说："查理，你每天不在岗的次数超过其他人两次。请你改改好吗？"再重复一次这种工作抽样，记录会告诉你他的绩效是否有所改善。

要取得成功，你得具备如下重要条件：如果你打算把自己的管理精力放在指导手下那些员工上，那么你就有必要了解他们现在的行为是怎样的，这样你才能查明自己的教练干预是否帮他们改善了绩效。

第一步至关重要，因为如果你不能正确地查明绩效不足之处，则接下来你和员工便谈不到问题的点子上，从而也就无法消除不尽人意的绩效。如前所述，你解决自己辖下人力资源问题的努力应当跟你在解决自己辖下非人力资源的问题时所付出的努力一样切实而又具体。你是否有过这样的经历：送车去维修，结果因为没找对问题而错误地更换部件、调校及做不必要的保养，最后才找到真正问题修好车。不错，如果管理者没有正确查明问题行为，则会发生同样的费时破财之事，还会带来挫折感。

这是否值得你付出时间

在就一些对工作或公司无关紧要的孤立事件进行所谓的训诫性谈话时，管理者常被激怒，并被纠缠到这种困境中。管理者为什么要训诫一名在过去六个月里只迟到过一次，或提交的一百份报告里只出现一份做砸了的报告，或有史以来首次犯错的员工呢？在问及管理者为什么会因为员工出现一次不尽如人意的绩效而小题大做时，他们通常会回答“我不想他们养成坏习惯”，或“我希望他们知道我清楚他们的一举一动”，或“如果你让步，他们就会得寸进尺”。

在其他情况下，管理者则被卷入显然与员工本职工作无关的所谓训诫性谈话中（事实上，这是些指导及咨询性话语）。在被问及这样做的原因时，管理者说：“不这样做可能会导致他们形成不良态度，我必须帮助他们保持正确的态度。”这种观点似乎基于这样一种前提，即管理者似乎有点负起指导员工全部生活的责任。我见过有员工被威胁如果不把胡须剃掉就会被开除的情况，或因为头发过长而被威胁开除。我见过有些女性因为穿超短裙被威胁开除，而另外有些人因为上班穿宽松裤而被威胁开除。前两年新闻报道了中西部有一家小公司的总裁因为行为上的疏忽而导致其工厂被关掉。他当时制定了一条规定，禁止员工吸烟，即便是休息期间也不行，理由是吸烟有害健康。

一家公司总裁希望我为该公司制定一项公司着装规则，以便明文禁止不戴胸罩行为，这样一来，如有人违反便可据此规定解雇员工。按他的逻辑，不戴胸罩的女性会分散男性员工及来访客人的注意力。我费了很大劲才让他明白，他没有权力（更不必说制定出这样一种方法）来控制自己的员工可以穿着何种内衣。在有些公司里，如果你不穿西装便会被人嘲笑；而在另外一些公司，如果你穿了西装就会遭人嘲笑。在有些公司里，准时很重要，而在另一些公司里，准时则无关紧要。有些公司禁止员工在身体上穿刺，但在另外一些公司里，员工赤脚也无妨。鉴于管理者众口一词地抱怨时间不够做自己该做的事情，他们还把如此大量的时间——他们自己的及员工的时间——花在无关紧要的事情及跟工作毫不相关的事情上，实在很稀奇。

一位管理者问我该如何应对一名在工作中老是讲粗话的员工。她说他工作不错，只是希望他不要再说粗话。她解释他并没有对她或其他员工讲这些粗话，只是在工作中自言自语。我花了20分钟说服她，只要他的绩效令人满意，就不要理会他这种粗话。我还有点打趣地建议她或许可以要那些工作不够出色的员工也在工作中讲粗话；这方法或许管用。

一个令人遗憾的事实是，你的时间并不能毫无限制、源源不断地供你使用；谈话、争论、取笑及谈判都需要你和员工的时间。如果是不重要的问题，那么为什么还要在上面浪费时间呢？如果你放任自己为一些鸡毛蒜皮的事情而大动肝火，那么你就不只是在浪费自己的时间，同时还可能因此破坏自己与该员工的关系。此外，在你无法解决绩效不佳问题的时候，开除员工是一种合乎逻辑、现实可行的选择。你为什么会因为某些细枝末节的事情而损失一名颇有价值的员工呢？而那些事情多半跟你花钱聘请该员工来干的事情无关，或并不会使他分心。

这样一来，在面临不佳绩效时，我们就只剩下一个合乎逻辑的选择了，即如果事情不重要，那么就不要浪费自己的时间；忘掉它。这意味着在查明绩效不佳之处后管理者要做的第一件事情就是自问：“这值得我付出时间吗？”这并不是自问自答一个反问句。不要因为自己觉得它重要，它就变得重要了。如果觉得它重要，你就必须给出它重要的理由，否则就不要理会它。我在旧金山结识了一位销售经理，他定了这样一条规则，即销售团队中谁不穿带马甲的西装就会被解雇。当我问他穿带马甲的西装是否重要时，他马上回答：“这当然重要。”可是当我要他说出穿或不穿马甲跟实现销售目标的关联性时，他却说不出什么道理来。他承认自己对三件套西装形象有很强的个人偏好，不过却没有证据表明自己公司或其他公司里穿带马甲西装销售类似产品的员工会有出众的销售业绩。

在对一些管理者培训教练流程时，我对上述案例进行了有趣的应用。在对上述案例做了描述之后，我问这些管理者，如果他们手下一名员工不再穿着马甲时他们会有什么行动。一位管理者回答他会开除这名员工，他接着解释，他的理由是这名员工违反了该管理者制定的一条规则。他同意穿马甲可能是条荒谬规则的看法，但是因为他制定了这条规则，这使得在员工违反规则时自己只有开除员工这一选择。研讨会上的其余学员则表示，更好的做法是撤销这条规则。我们最终说服他，他的管理决策应当与对自己手下员工绩效的管理有关，而不是像那些把胆敢忤逆自己的人都拉出去斩首的蒙古皇帝一般捍卫自己的权威。为什么会有管理者因为一些实属鸡毛蒜皮之事而选择浪费彼此的时间、破坏两人的关系及/或因员工流失而产生费用呢？那将是种自毁性行为。如果你手下有名在技术方面几乎具有不可替代性的员工，你就能学会容忍许多个人的怪癖了。

因此，如果对“这值得你付出时间吗”的回答是“不值得”的话，则你的唯一选择便是不要在这件事上浪费自己的时间。

员工是否知道自己的绩效不佳

在判断是什么原因导致低绩效的过程中，最合乎逻辑的方法应当是从导致产生低绩效的因素中最常见也最容易纠正的原因入手。既然缺乏反馈是导致低绩效的最常见原因，你的问题分析应当是“他知道自己的绩效不佳吗”？如果你按照我讲的方法去做，那么这个问题就很容易回答，因为前两个教练干预行为的目的就是给出中性反馈。只有在你的反馈未能纠正这一问题之后，才会进入教练分析流程。

当然，你或许没有遇到需要采用教练方法加以解决的问题，而只是打算运用教练分析来寻求如何改善全员绩效。因此，你寻求的是答案。一个不错的方法便是向员工提下列问题：

"你如何判断自己做得是好是坏？"

"你是如何度量自己的绩效质量的？"

"你是怎么知道自己做错了的？"

"说一说良好的绩效该是什么样子的。"

"说一说差劲的绩效该是什么样子的。"

在寻找反馈方面的问题时，着眼于查找工作与员工之间问题的特异性及发生频率。一天结束时提出的宽泛反馈并不能影响一个人当天的绩效。在一天中的具体反馈才能对一个人当天的绩效产生影响。

在被问及是否知道自己的绩效不佳时，如果员工的答案是不知道，则唯一的解决方法便是告诉他其工作绩效。

员工是否知道自己该做什么

大家应该还记得，当前大多数管理者对"为什么员工不做他们的分内之事"这一问题的回答是"他们不知道该做些什么"。这个"不知道"包含四个部分。员工可能不知道他们具体该做什么，或何时开始工作，或何时结束工作，或工作完成后该是什么样子。所有这些信息同时缺失的情况不大可能出现，不过只要其中一项缺失，便足以导致失败了。导致项目失败的最常见信息缺失是员工不知道工作完成后该是什么样子。当你冲一名员工大吼，要他做好工作时，你的意思是可以容忍 5% 的错误率、2% 的错误率，或不容忍任何错误呢？“尽其所能”是什么意思？这是指尽人类所能及的程度，或与所领取的薪水相符的最高水平，还是依今天心情如何的相应最好状况呢？“再努力些”指的是多么努力呢？一份“全面”的报告应该是什么样子呢？

我认识的每位商业管理顾问及教授在谈及提高员工劳动生产率时，都会大谈特谈“告诉大家你想要他们做什么；给他们一份表述清晰的工作职责说明”。而企业界则搞砸了这一建议，因为大多数工作职责说明都不会描述工作内容；它们描述的是工作责任。遗憾的是，责任是无法执行的。要履行或践行一项责任，人就必须做事。他们必须做的这些事情是你花钱租赁来的行为。当人们在你的公司里申请职位时，他们敲门时就说了：“我选择放弃做自己想做的事而做你会出钱请我做的事。”不过管理层没有明确说出的答复是：“好的，我们会雇用你，不过我们不会花时间告诉你我们具体需要你做什么事。”这样一来的结果便是，员工有了进行大量猜测的余地。

是否有某名员工为你做了某件事，结果却跟预期有些差距，当你向他描述还有多少工作没有完成时，他的回答是：“噢，我不知道你是那样要求的。我很乐意做那件事。”如果是这样的，那么问题在于他不知道工作完成后该是什么样子的。一个非常常见的情况是，员工拿到任务后，能够认出任务完成后样子的人便只有管理者本人了，这种情况在创意领域尤其突出。这样一来的结果便是，员工不断把他们认为已完成的工作提交给管理者，而他们不断听到这样的答复：“不，那不是我期望的。”我这里谈的不是那些荒谬却司空见惯的情形，即管理者向员工明确规定了完成后的工作应该是什么样子，但在项目完成时却推翻自己先前商定的事情，另外决定增加一些事项。

下面，一位管理者描述了自己是如何发现低绩效的原因就在于员工不知道该做些什么的。他的员工是一个销售内勤，已在职大约一年时间。他抱怨的主要方面是，她在处理具体任务时不会深入分析情况、寻求解决方案或提出备用方案。当她把不完整的工作拿给他时，他的通常反应是接受下来然后自己做完，并不解释他还有哪些工作需要完成，以及相关的原因。他用“用错了人”来为自己的行为辩解，说她的能力不足以处理这种工作。作为替代方案，他决定在开除她之前尝试一下教练分析，下面是他的故事。

我问她：“玛丽，你对为我准备的最近一份市场价格分析满意吗？”她回答：“当然了，我做了你需要做的。”然后我把她完成的表格展示给她看，问她是否有什么有助于我们就产品定价做出决策的额外信息还可以放进去。我早已把我自己的分析从文件夹中抽去，因此她就无法看到我添加进去的她应该包括在价格分析中却没有包括进去的额外信息。

经过一番思索之后，她说，可以把我们的产品与竞争对手产品间的实力对比关系加进去。我说那是个好主意，然后问是否还有其他信息。

“实在没有了，”她说，“我现在能想到的就是在我们认为必要的毛利的基础上对我们的产品定价。”我继续问：“我们的产品在市场上的售价可以高过竞争对手的产品吗？”她认同我们的产品定价不能高过竞争对手价格的观点。她接着说，如果我们考察的是一种与竞争对手实力旗鼓相当的产品，我们就只能在表格里把我们产品的价格定在与竞争对手相同的价格水平上，接下来再比较我们的成本，并在适当的位置列出毛利。

现在分析已经完成了，可以提交给最高管理层审阅批准了。然而，要知道定价过程并不总是这么容易的，我问玛丽，如果两种产品实力不一样，或特点不一样的话该如何定价。对此她表示不懂该怎么做。我接着一步步地向她展示如何理清这一切，如果我们知道竞争对手的产品价格，我们把产品价格定在什么水平上才能跟对手的产品保持平价。令我吃惊的是，她竟然记下了流程的每个步骤。我进一步解释，如果我们的产品的常用特点优于竞争对手的产品，则我们事实上可以期望有多少溢价。另外，如果我们的产品在某些方面的品质低于对手的产品，我们就必须按某个因子来降低价格。我对玛丽说，在我要她提交市场价格分析时，我期望拿到手上的是跟我们刚才探讨过的一样完整的报告。她对我说，未来将在分析中涵盖这些信息。

她还说，没有任何人，包括我在内，曾经花时间教她如何比较两种产品。她进一步说，当我要她准备市场分析时，我从来没有提及这是为产品定价这一目的服务的。

后来我要她做的市场分析工作她都按要求完成了。我发现，如果她不知道我需要什么，她就无法提供我所需要的东西。

另一位来自一个电气工程实验室的管理者向我抱怨，一位技术人员在测试项目中总是“做得过头”，收集一些不必要的数据。我问这位管理者，该技术人员如何能够判断所收集的数据是否充分。管理者回答：“在每个项目进行过程中，他找我们的时候我们会告诉他的。” 管理者总是会告诉该技术人员，或者在数据收集过程中做得不够，或者做得过头了。这样便形成了一种只有管理者才能识别出成品该是什么样子的局面。该管理者最终（勉强）承认，最佳解决方法便是给技术人员提供足够信息，这样他在看到这些情况出现时就可以识别哪些数据是真正需要的。

当然，如果你只是告诉一名员工哪些工作该完成，然后你便信心满满地认为他知道该做些什么，你对自己这种想法的信心就会影响你对哪些具体工作该完成及什么才算是完整工作的描述。（遗憾的是，这些声音出自你的嘴巴，而不是员工的。）因为你对员工的指示受空间的阻隔，只能通过单向的电子邮件，以及由其他必须传达你指示的管理者来传达，因此你就不该对“员工知道哪些工作该完成”那么信心满满了。

例如，如果你的公司跟大多数公司做法一样的话，你很可能会让经验丰富的老员工来对新员工做入职培训。你在这么做的时候，是否给过这名老员工一份入职培训检查单，来确保所有跟工作相关的关键内容都在培训过程中呢？你是否询问过这名老员工有没有在检查单上做备注，标明那些需要涵盖的内容都照顾到了，而且新员工也理解了各自不可推卸的责任了呢？入职培训结束后，你是否曾测验过新员工（正式或非正式的）以查明他是否确实明白了自己的职责所在呢？如果你的公司跟大多数公司做法相同，你很可能不会那么做。因此，半年后当某名新员工没做好分内的工作，你就此质问其原因而他回答“我不知道我的职责还包括那事”时，你为什么要感到惊讶呢？当然，如果你说“不要拿那个借口来搪塞我，你和所有人都接受过同样的入职培训”或“你在公司里工作时间也够长了，你该知道的”这类话的话，你会感觉好受一点。不过，真正的问题在于他并不知道自己该做些什么。遇到这样的情况时，管理者通常把员工的话当作空洞无物的借口，而非员工就管理流程失败及他们不知道该做什么事情而向管理者进行的反馈。如果你不组织好管理流程，那么总会有一些东西被遗漏。

一位管理者告诉我，她的员工只有在她大声吼他们的时候才会做好工作。她向我描述了自己平常是个非常懂得关爱员工而又敏感的人，一般在分派任务时对员工像对同事一样，而不是摆出上司的架子说教。她说分派好任务后，员工总是提交上来一些既不完整也让人无法接受的工作。她说自己在第一二次时会以平静、友好的态度探讨问题所在。但大约到了第三次时，她就发火吼起来了。吼过之后，员工便会提交完整且令人满意的工作。她无法理解为什么会发生这些，而且为此非常恼火。我向她解释，许多把自己当作员工的同事而非上级的管理者，在给员工分派任务时往往措辞含糊，以致员工搞不清楚管理者的准确预期。而在管理者发火大吼时，吼出了员工此前没听到过的对预期结果的精确描述。员工单单要得到关于“完成后的工作该是什么样子”的完整描述就得费这么长时间。

在一家高科技公司里，开发工程师们这样描述他们在应营销部门要求尝试开发新产品时面临的困惑。他们会跟营销部开个会，会上营销部会描述一家客户的需要，并要求开发一种产品来满足该需要。工程师们会花 8～10 个月的时间来开发这一产品，然后交给营销部门，后者会说：“这不是我们想象中的产品。”工程师们便回去再干上半年，又把产品拿给营销部，不过再一次被否决。工程师们说这一过程会持续数年。这便是没有谁知道成品该是什么样子的一个再明显不过的例子。我们是这样解决这一问题的——我们让工程师们和营销人员在一间会议室里坐好，关掉灯，然后问：“假如我们可以挥舞一下手中的魔杖，立马在这间屋子里创造出这种产品的话，它该是什么样子的呢？”

有些管理者错误地认为，把你希望人们做到的事情完整地告诉他们，对他们来说会让他们失去动力。（压根就没有“失去动力”一说。）他们认为让人们自己弄清楚事情才算激励。遗憾的是，事实恰恰相反。人们在必须猜测自己该干什么时会变得紧张不安，而且当他们被告知他们（通过猜测）所做的不是被期望的，他们会因此受到失败的惩罚和感到受挫。这里小小地扩展一下这个逻辑：在企业界以外的生活中，当你需要别人为自己做事的时候，如在一家餐厅里或一家服务企业里，如果叫人去“猜”的话，你准确得到自己所需事物的情况会有多少？

如果你租赁了一个人的行为，那么你就有责任告诉他你花钱买的是什么行为。工作职责说明应当是一份描述你需要人们做出的行为的租赁清单。不必担心这个清单会有多长，只要清单上包括完美完成工作所必需的重要行为即可。你花钱购买的是完美的绩效行为，不过伴随这种完美绩效，可以有对某些在容忍范围内的差错率的谅解。即便专业足球运动员也不能截住每次射门，或完成每次传球。

本节描述的绩效不佳并不是技能不足。在本节描述的这些情况下，员工知道如何做，他们只是不知道该何时开始，该何时结束，或完成后的工作该是什么样子（该做到如何出色）。因此，教练分析中的第四个合乎逻辑的步骤是查找造成绩效不佳的最常见原因。问如下问题：员工知道他该做什么及何时去做吗？如果答案是否定的，就告诉员工，然后问题就会得到解决。

员工是否知道该如何做

大家还记得对“员工何以不做分内之事”的回答中，第二常见的回答是“他们不知道如何做”。这一点之所以成为绩效低下的常见原因，就在于我们假定学习已经完成了。

大家可能知道，许多公立学校存在一种叫作自动升级的惯例，这种惯例是把没有准备好升级的学生升进下一级，使他们可以跟同龄人待在一起。在某些大城市里，如果没有自动升级的话，会有多达 40% 的小学生不能升级。这意味着你最终会面对一群缺乏读写算术基本技能的学生。可是你是否知道，在企业界自动升级已经成了惯例？以下这条公理在培训界并未被广泛接受：如果学生没学到知识，那么便是教师没有教好。这样一来的结果便是，社会上所谓“培训”的活动有万万千千，但极少有“学习”真正发生。我所接触的负责制定或实施培训项目的人中约有 80% 从来没有在如何教学方面接受过任何教育。他们制定并实施的培训项目重点在于教而非学。他们专注于发生在培训者身上的活动，而不是发生在学员身上的活动。辨别不懂如何教学的教师的一个最明显迹象是看他们对学生的评语，如“乖乖，这个组真是死气沉沉”或“他们当然都呆若木鸡”或“那个组脑子不灵活”。

另外一个在所有公司的商业培训项目中都存在的一个失败的显著特征是

“缺乏证明学习是否真正发生的测试”。所有人都能毕业。

近来我跟某家大型企业培训总监的对话大体如下。

我：你们是否运用测试来判断培训是否达到了学习的目的？

培训总监：是的，我们有测试。

我：你们是怎么做的呢？

培训总监：我们的测试不用纸笔。事实上，每位培训人员会通过观察得出结论。

我：他们具体怎么做呢？

培训总监：他们在整个培训过程中及培训结束后观察参与者的反应。

我：培训人员手中有检查单，或他们可以用来识别那些显示学习是否实际发生的反应的某种具体事项吗？

培训总监：没有。因为这些培训人员在这些领域有长期培训经验，所以他们对此有很好的感觉。

我：那么，他们会运用某种具体的度量措施来判断每名员工的学习水平吗？

培训总监：没有，他们只是就某人学得怎么样有个笼统的看法。

我：可是，如果你们没有检查单或指南具体规定期望员工学到的内容，那么培训人员又如何在看到学习发生的时候认出它来呢？

培训总监：我们要教的内容非常复杂，而且没办法以量化方式测量。我们极其依赖培训人员的经验与知识；毕竟，他们的经验是颇有价值的。

随后我得到了一个观察一位培训人员实地培训的机会。他在上边讲，学员们在下边听；培训者不要求学员们做出任何形式的反应。在两个小时的培训中，仅有一位学员做了笔记，有两位提问，而学员们也不必展示自己学到了什么。这次培训不仅没有任何测试来检测有没有学习发生——口头或其他形式的都没有，而且没有真正的教发生。

商业培训中导致学习没有发生的另一个原因在于指派老员工去培训新员工这一惯例。问题是，谁教过老员工该如何教呢？答案是千篇一律的“没人”。老员工之所以通常被选为培训人员，原因在于其工作比大多数员工都出色这一事实。遗憾的是，他们被指派向新员工演示如何做工作时，他们从事的是教师这一新职业，这是他们所不在行的。如果没有真正的教发生，你如何可以期待学习会发生呢？两个人只是彼此很近地站在一起或坐在一起，望着彼此谈论同一个话题，这并不就意味着有教或学发生。不能因为管理者说过“要有培训”，然后在未来面对员工绩效差距时，就可以把“那人不懂如何做”这一可能性排除掉了。而通常的情况是，因为新员工接受了培训，大家就假定他学会了。

在我的为期五天的“培训师培训”研讨会第一天的课程中，我遇到了不少阻力，因为一些经验丰富的培训师不明白自己为什么要接受培训。但到了最后一天，他们纷纷惊叹自己在培训中受益匪浅，而这是他们自以为在过去5～10年间做得很出色的一项事业。

一位从事制造业的主管希望知道如何对付那些显然“毫不在乎”的员工。当我要他举一个例子时，他讲了一个由经验丰富的老员工培训新员工如何操作一台定制自动生产机器的故事。培训结束后，新员工被派去操作自己的机器。他们几乎一开始便出了某种差错，这对机器造成了价值 15 000 美元的损伤。该主管解释，机器这种昂贵的损伤明显是由员工“满不在乎”的态度所致。我们后面的对话大体是这样的。

我：这看来不像态度问题。看上去倒像你做了一个 15 000 美元的错误决定。

主管：你这话什么意思？

我：你知道操作失误会对机器造成价值 15 000 美元的损伤吗？

主管：我知道。

我：那么有什么事实使得你相信这名新员工不会损伤机器呢？

主管：他接受了机器操作方面的培训。

我：你告诉过我他经历过某种叫作培训的事情，但你怎么知道培训结束时他就懂如何操作机器了呢？

主管：听着，在这个世界上你得相信某些事情是真的；如果某人在做某种事情方面受过培训，我就必定相信他懂得如何做这种事情了。

我：培训师是谁？

主管：我们经验最丰富的机器操作员。

我：他接受过如何教学的教育吗？

主管：没有。

我：他在实施培训计划的过程中有书面大纲可以照做吗？

主管：没有。

我：培训结束时，培训师有没有给你一份标有培训过程中必须涵盖的机器操作关键内容的清单，同时上面还标注自己已教授并且该员工已学会的信息呢？

主管：没有。

我：那么在所谓的培训结束后，你如何知道新员工知道如何操作机器呢？

主管：你要我怎么做，亲自培训每名新员工吗？我实在是没时间做这事。生产现场就像个疯人院。

我：不，要求你去实施培训并不合逻辑。不过你为什么不在培训结束时进行某种测试以判断员工是否真正学会了操作呢？

主管：听着，我不是大学教授。我是一个尝试以尽可能经济的方式生产产品的生产主管。我根本没时间做那些事情。

我：我们换一种方式来看这件事。如果你打算花 15 000 美元，你需要多大理由？

主管：是这样的，这需要相当大的理由。如果是采购的话，他们需要进行三次评估，而且他们通常想首先弄明白有没有可以不支出这笔钱的办法。

我：听来很具有普遍性，而且应当如此。不过看起来你没有提出任何理由便花掉了因为员工损伤了机器而造成的 15 000 美元费用。

主管：等一下。我没有损伤机器。搞砸机器的是这名员工，不是我。

我：看来如此，不过下面说的是事实：第一，你知道操作不当会对机器造成高达 15 000 美元的损伤费用；第二，你在没有任何事实显示该员工不会损伤机器的情况下就指派他操作机器。

主管：等一下。我并没有认为这名员工会损伤机器。

我：事实的确如此。不过你也的确认为这名员工不会损伤机器。你在指派员工操作机器的时候，你事实上是在说："我，生产主管，身体健康，心智健全，现在决定指派这名新员工操作这台机器，如有损伤会造成高达 15 000 美元的损失。我收集到的信息使我相信这名员工不会做那些会损伤机器的不当行为。"事实上，你在没有任何理由的情况下便做出了一项价值 15 000 美元的决定。你只不过假定因为该员工已接受过所谓的培训，便懂得如何操作这台机器了。

主管：我明白你的意思。当我指派一个人去做某事时，如果那个人搞砸了工作的话，我的决定就花费了搞砸该工作给公司带来的最高成本。可是我既无能力又没时间坐下来设计培训内容以及实施各种高级测试。

我：你说得当然没错，而且要你设计一份培训方案也不合情理，不过，如果你意识到，这些关键条件和员工行为结合才导致破坏性后果出现的话，那么在培训结束时你要向员工提问的问题清单就非常简单了。这个问题清单会让员工面对那些关键条件，以判断他们是否采取了适当的行为（而且，因而预防损伤的产生）。这个问题的实质是，你因为看到有了培训便认为学习已经发生了；而又因为你认为学习已经发生了，所以在员工搞砸工作后你必须另外找原因，如“他们干活满不在乎”。

我们再考虑一个问题。如果你公司里的一个学员在为期五天的研讨会中有一天没有出席，那么这个学员是要在第六天补课呢，还是培训师在第二天花 20 分钟帮该学员补一补昨天落下的内容呢？如果你的公司跟大多数公司做法一样的话，那么培训师会花 20 分钟帮该学员补落下的内容。或许你会自问：“这个培训项目为什么不是四天零 20 分钟，而是五天呢？”一个学员如何可以在 20 分钟内补上一天的培训内容呢？因为员工的工作记录上标注了他参加了这个培训项目，管理者便假定学习已发生了。

学习问题的另外一个方面跟了解做某事与有机会做某事之间的重大区别相关。例如，阅读如何开飞机的书籍与开一架真正的飞机有着天壤之别。阅读关于如何打保龄球的书籍，跟实际打保龄球迥然不同。阅读关于如何施展一项技能的书籍，与在实践中运用该技能完全不同。企业界中相当多的培训之所以不成功，原因就在于向员工传授的是如何施展某技能的知识，而在实际做工作之前并不提供实际运用该技能的机会。员工没有机会操练。你或许会面临这样一个员工绩效差距问题：一名员工拥有展开工作所需要的全部内在品质，或许还有工作的强烈意愿，而且没有超出该员工的控制阻止其行动的障碍，不过他的绩效仍然低下，因为他不知道该如何做。这可能是由于该员工太久以前做过而现在已忘记怎么做了，或许可能是学会了该做的工作，只是从来没有得到实际做的机会。

作为一位管理者，你如果说“我无法相信像你这样在公司里待了这么久的人竟然不懂该怎么做”或“如果你像其他人一样曾接受过培训就该会做”或“到现在你早就该学会了”这类话语，丝毫无助于解决实际问题。当培训真正实施过时，测试一下学习是否发生了，这样一来你便不会做出错误的假设了。在你寻求“是什么因素导致绩效不佳”这一问题的答案时，你应当回答的一个关键问题是，他们知道该怎么做吗？如果你的员工的绩效低下问题是由“员工不知道该怎么做”引起的，那么解决方法便是为他们提供培训或训练。

员工是否知道做事情的理由

员工知道自己该做的事情的重要性吗？他理解这项任务或这个项目与自己全部工作、同事、内外部客户、组织宗旨的关系，以及对其产生的影响吗？他知道理想绩效相对于公司盈亏、安全及法律事项的价值吗？在员工面临一项新任务或人们在改变自己的行事方式时，这是一个常见问题。

当员工问“我们为什么要做这种烂事”时，你是不是认为这是一个态度问题，并且对他们说“做好你的本职工作，不要再抱怨了”呢？如果你这样做了，那么你便与回答一个绝好问题的机会失之交臂。如果你理解这些员工并非机器人或自动化机器，那么请自问下面这个问题：如果他们不知道自己为什么该做某事，那么即便他们真正能够做好这件事，他们又为什么要做好这件事呢？如果你在分派任务时太忙，没时间向大家解释每个项目的重要性，那么你便会遇到这种问题。高管们抱怨员工不支持本组织对利润、市场份额或客户满意度方面持续上升的需求，但同时却不把这些需求以一张纸多一点的篇幅传达给员工，这一点始终令我感到莫名其妙。除非向员工解释清楚，否则仅仅要求人们“提一些封闭性问题”或“你在做这事的时候调慢机器”或“除非事先通知我，否则不要关掉系统”是不会取得良好结果的。如果你无法向人们解释他们为什么要做事情，那么原因或者是你不知道做事情的理由，或者是你的要求无关紧要。在一家高科技公司里，每个部门的全体员工每天都汇聚到公司餐厅，听高管就当前销售状况、市场变动、产品问题、客户增减、新产品开发、内部变化及任何管理层认为员工应该知道的事情给员工做报告。你可以打赌说该公司里的每名员工都知道自己所做工作的原因。

在不必考虑动机理论的情况下，常识便可引导你得出结论，即了解须做某事的原因是影响人们绩效高低的重要因素。如果你不确定“员工是否知道做该事的原因”这一答案，询问员工是否知道。如果他们的答案是不知道，那么便解释给他们听，他们的绩效就会有所提升。

是否有超出员工控制的障碍

如果没有来自其他员工、部门或供应商的某种支持服务，极少有人有办法做好自己的工作。当事情应然尽然时，这种支持就跟呼吸一样自然而然地出现；它不知不觉地存在着。但当姗姗来迟的支持服务在质或量上存在缺陷，或压根就没有支持服务时，这一切就构成了阻碍实现绩效的重要障碍。一个非常常见的情形是，需要支持的员工知道支持并不存在，但管理者对此却并不知情。

在你的教练分析流程中，合乎逻辑的下一步便是判断是否存在一些超出员工控制的阻碍绩效实现的因素。很重要的一点是你要早早动手查找这一问题，以避免把问题错误地归咎于某名员工身上。如果员工的绩效受到超出员工本身控制的障碍干扰，那么这实在是你的问题而不是员工的问题。作为管理者，你或许必须运用自己的知识、经验及影响力来修改或消除障碍，解决问题。

你偶尔会仅仅通过观察工作流程便可查出阻碍绩效实现的因素。但在大多数时间里，你只有在问及为什么项目会延迟时才了解到障碍的存在。在项目进行过程中检查项目进展时，大多数管理者跟进得都不够频繁，因此他们只有在项目失败时才发现障碍的存在。而到了这个地步，要防止失败已为时过晚。

超出员工控制障碍的例子可能是原材料没送到、预备工作没完成、报告延迟或错误、无法取得数据、设备或计划出问题，或收到相互抵触的指示。设想一名员工周日按计划去公司打算在计算机上运行一个特殊程序，结果却发现大楼电力系统因为电梯维修而被关闭，这样一来的结果便是没有绩效。还有其他障碍，如暴雪、洪水、飓风、事故、疾病及死亡（其他人）。这些障碍有些是你无法消除的，但你或许能帮忙降低它们对绩效的影响。

除了观察，最直接的收集判定是否有超出员工控制的障碍的方式是直接跟员工谈话。如果你有时间去跟他们谈，在有可能说出干扰自己绩效的诸多障碍的时候，人们是不会三缄其口的。遗憾的是，管理者先入为主地判定绩效不佳的原因是态度恶劣、缺乏自我动力（不管这是什么）或愚蠢；因此，任何关于障碍的说法都会被当成借口而被一笔勾销。管理者在这里要的魔术是，他们在不经调查收集事实的情况下便判断员工的说法究竟是有效合理的还是不实借口。

我知道，在管理者唾沫横飞地训斥一名员工的时候，对方突然搬出你所不知情的阻碍绩效实现的因素是件很令人尴尬的事。当这种事发生在你身上时，你觉得自己像个白痴。如果你把这些作为无关紧要的理由略过的话，你就可能成为一个更大的白痴；相反，如果你能放下自尊，做出道歉，然后去调查事情的真正原因，你就可能完美解决绩效问题。

多年前，当我在堪萨斯市的一家酒店里举办一场研讨会时，在按 U 形安排座位的会场里，坐在我左手边第三个座位上的人颇让我恼火。每隔三四分钟他便会发出一阵啸声，于是所有人便哄堂大笑。我怀疑这是西部人对我这个从纽约大都市来的“骗子”搞的某种恶作剧。于是我对他说：“你的啸声对你自己或对这屋里的其他人来说或许很有趣，却干扰了我的研讨会，请你停止好吗？”他转过头来面对着我，指着我此前一直没有看到的一个助听器说：“啸声是酒店寻呼系统干扰我的助听器产生的。他们每次呼叫某人时总会导致我的助听器啸叫，不过你听不到这个房间里的寻呼信号。如果我关掉助听器，它就不会啸叫了，不过我就听不到你在讲什么了。”天哪！尽管当时才 9：45，我却惭愧得无地自容，想溜出城逃之夭夭了。你还能做到多蠢？当然，对这个啸叫问题的更佳反应是说：“抱歉，先生，我奇怪我们为什么每隔几分钟就听到一次啸叫声呢？”我敢说那是我最后一次在收集到信息前便把某种情形暗示为动机问题。

当然，最佳做法是，在找出谁该为何事受指责以前不要大动肝火。如果真的有超出员工控制的障碍存在，那么你应该关注的不是员工的行为，而是这些障碍。

有些障碍，如全城停电而你也没有备用发电机，是你无法消除的。但有些障碍只是由于员工不知道如何规避而形成的。如果你教会员工如何规避该障碍，你便在事实上除掉了妨碍绩效实现的一道障碍。如果真正想成为一位“无所不能”的管理者，那么你便应该预测手下员工在实施一个项目的过程中遇到的障碍，并事先探讨该如何处理这些障碍，同时还要鼓励员工在遇到未预见到的障碍时迅速向你寻求帮助。

在试图回答“是否有超出员工控制的障碍”这一问题时，收集足够多的信息来判断员工谈及的障碍究竟是现实存在的还是臆想出来的，则是你的责任。如果这些障碍是真实存在的，则采取必要措施消除该障碍或规避其影响同样也是你的责任。在你试图回答“导致员工绩效不佳的影响因素是什么”这一问题时，你应当回答是否有超出了他们控制的障碍这一问题。如果答案是肯定的，那么消除这些障碍或解释该如何规避这些障碍，然后绩效便会变得令人满意。

员工是否认为你的方法行不通

如果员工已经按某种方式工作了很长一段时间，而这时你要求大家改用你的方法，那么他们常见的答复是“我认为那行不通”。通常，你不会听到这种答复，因为他们只是在彼此间这样谈话。这种低绩效原因会在最关键的时刻——在你试图做出你认为必要的改变之时冒出来。这种低绩效原因还可能会在那些未能充分理解工作性质，却对你所讲的话抱有疑虑的新员工口中出现。

但仅仅你是正确的这一点是不够的；必须让员工相信你是正确的，不然你的方法就得不到推行。有些人甚至会搞破坏来证明你的做法是行不通的。如果你在工作中与员工的关系氛围会鼓励公平讨论，那么你会听到这样的话：“我认为那行不通。”这样一来你便可以就这个问题进行回答。如果这个问题不是来自员工，你就应该向自己提出这个问题。“有谁能想出我们这个新方法可能会面临的行不通的情况？”但是“是的，它会行得通”或“相信我，这会行得通的”这种说法作为回答是不够的。你必须做一些推销工作，而不仅是口头上说说。如果你的方法此前已有成功应用，那么详细解释它是如何实施的，以及在哪里成功应用过。如果在你解释之后，你仍然听到“那行不通”的说法，而员工也无法解释他们那样想的理由，或你的方法此前未曾用过，那么你就直接要求大家尝试一下你的方法，由你来承担这种方法产生的后果。

因此，如果低绩效产生的原因在于员工以为你的方法行不通，那么就要说服他们，然后绩效就会改善。

员工是否认为自己的方法更好

员工有比你的方法更好的方法是种令人开心的事情，只要这种改变不干扰整体工作流程，这种状况也是我们在商业环境中竭力求取的事情。但在一名员工认为自己有更好的办法，事实上却并非如此时，这种状况便导致了低绩效问题。在一名员工不考虑同事、部门、客户、法律事项或长期结果的情况下，而仅仅量化自己的新想法之时，这种状况便常常出现。通常，该员工的想法对于其自身而言是不错的，但对任何其他人都毫无益处。当工作开始前很少或没有进行讨论，而你让员工做的事情出了一些差错的时候，这个问题常常被提出来，因为他们认为他们的方法最好。如果你在分派任务或改变工作方式的时候听到人们说“我有更好的方法”时，跟他们详尽探讨他们提议的新方法，看看这究竟是不是更好的方法。如果不是，你在解释自己方法的时候一定要做到让人心服口服。如果你没有时间跟员工探讨，你就不会有这样的机会。在介绍自己方法的时候问“谁有更好的方法”是个好主意。如果答复是没有，那么你便可以毫无顾忌地谈论你的方法了；但如果答复是有，那么你就必须正视而不是忽视它。如果你认为只不过是该员工认为自己的方法更好而已，那么你就得在解释时做到让他信服。

员工是否认为有其他事情更重要

这个问题谈论的是事情的轻重缓急。员工在工作，只不过做的不是该做的正事；该员工认为其他的事情更重要。员工可能在做你指派的工作，却不是最应该优先做的工作，或该员工在帮助别人甚至在做私人项目，这些事情的优先性都低于你现在需要完成的工作。许多工作中都会有员工可以择时加以处理的诸多事情，他们很容易会选择一些在管理者看来不是正事的事情。在这些情况下，管理者在判断什么事具有最高优先级方面不存在什么问题，因为他们脑中有起指导作用的不成文公式。这个问题的解决方法是管理者向员工传授如何使用这一公式。如果你的工作流程涉及频繁变更的工作中的优先性，那么你就必须花费大量时间让员工知晓当前工作的优先性，从而避免因为这一原因而出现绩效不佳情况。如果一名员工认为其他事情更重要，那么向其解释其工作的轻重缓急，这样绩效便会改善。

如果员工做事妥当，是否会有积极结果

这一问题把我们带回到关于“如果有积极结果随后出现，则行为人的行事频率会增加”这一科学规律的探讨中。同样正确的规律有，如果没有积极结果随后出现，则行为人的行事频率会下降。因此在这个问题中你要问的是，如果员工按要求完成工作，那么从员工的角度看，如果会有奖励的话，那会是什么样的奖励。如果工作本身当天没有内在回报，而又没有来自同事们的激励，那么作为管理者的你便是员工得到奖励的唯一来源了。如果你也没有给出奖励，那么可以很有把握地说该员工没有得到任何奖励。对于那些似乎没有开头结尾的例行工作，以及要花费数月甚至数年时间才能完工的项目来

说，情况尤其如此。你可以为一些例行性的工作设定按小时考核的绩效目标，这样便创设了成功的机会，同时为达成该绩效目标的员工提供反馈。项目工作则应拆解成较小的步骤，以便产生更多具有目标完成期的开始与结束。例如，如果我们的目标是在 10 天内从纽约开车到洛杉矶，那么今晚 6:00 我们该开到哪里呢？如果我们不知道，那么这只不过是漫漫开车途中的又一天而已；如果我们知道，那么我们在今晚 6:00 时不是成功便是失败。

当然，你对员工在绩效方面取得进展的口头表彰是最立竿见影、最经济的方法。在许多公司里，口头表彰被视为一种对绩效的强有力影响，有形的奖励则被用于推动各种形式的绩效提升：有对出勤、安全、生产的质与量、客户服务、客户满意度、销售、产品交付、创意及利润等方面的奖励。只要规则科学，持续举办竞赛是个不错的做法。不要只奖励第一名，因为这样做影响不到足够多人的绩效。设定一个目标，所有达到或超越该目标的人均有资格获奖。把写有他们名字的纸条放进一顶帽子里，被抽中者便是获胜者，不过小组的人数不要超过 15 人。此外，所有竞赛都应是短期的；下一个小时、明天、下一周或下个月。长期竞赛会在离结束前很久便决出潜在获胜者，而见到自己获胜无望的人中的 85% 会退出比赛。奖品要小，但要人人喜欢，还要准备很多。我认识一位副总裁，他会给每名完成目标活动的员工一枚银币。有些公司会印制一些没有任何货币价值的假钱（10 万美元纸币），给绩效超出正常水准的员工每人一张。你或许觉得这个主意很蠢，不过如果你见过这张 10 万美元的大钞堂而皇之地摆在桌子上时，你会改变自己的看法。有些公司每月给每位管理者 100 美元，可以用于给员工 1 ~ 5 美元的奖励以强化绩效。如果你要发奖品的话，把奖品价值控制在 50 美元以下，而且选择那些大家觉得多多益善的物品。例如，如果你奖励某人一顶帽子或一件夹克，那么第二件对他们来说就不再是奖励了。

非货币性奖励也同样有效，如给一位刚刚完成了一项困难无趣工作的员工分派一些轻松的或较受人欢迎的工作；给该员工更多短期休息时间或跟你一起喝咖啡的休息时间；通过电子邮件表扬其绩效；在更高层管理者面前介绍或表扬该员工；特殊业务公务旅行；享用一周的专用停车位，诸如此类。如果你在这方面下功夫，那么你便会找到更多与自己工作环境相关的主意。不过口头表彰是最简单有效的方法。如果你的结论是员工做事妥当却没有积极结果，那么就进行积极强化吧！

达成绩效后是否有消极结果相随

大家应该还记得行为管理科学是基于这样一个前提的：所有行为均为其结果之函数。行为矫正的科学应用已经证明，有积极结果相随的行为，出现频率会上升；而有消极结果相随的行为，出现频率则会下降。如果你对这种行为与结果之间因情况而异的关系有了真正的理解，那么这会为你在回答“导致低绩效的因素是什么”这个问题时提供新的答案。例如，因为达成理想绩效后会伴随消极结果或行为人要经受痛苦，所以理想绩效就没有出现的这种可能性是完全合乎逻辑的。按前文所述，在商业中一个经常发生的情况是把棘手任务做好的员工经常被迫接下所有棘手任务。

在读中学时，我的一次早期工作经历是为一家大型家具店做兼职灯具组装工，按时计酬。我迅速把工作做完的一个结果是可以早回家。如今，早下班回家在某些情况下被解读为一种积极结果，不过如果你需要这笔钱的话就不行，而我恰恰就需要这笔钱。你可能猜到了，我工作的速度迅速被工作的细致性取代。我或许得补充一下，这种细致性远远超出了工作的要求。这样一来的结果便是我很少早回家了。

我开始这份工作两个月后，管理者便对我说他们偶尔会需要人手帮忙送家具，如果愿意的话，我可以在灯具组装工作结束后跟随送货卡车外出。两个月的灯具组装经验使我的组装速度有了即时的飞跃，于是此前分派给我的灯具组装工作只要以前所需时间的一半便完成了。这样的结果就是，每天在他们需要我帮忙跟送货卡车外出的时候我总能腾出身来。偶然的是，卡车上的工作完全跟我想象的一样棒。

最近，一位管理着为八位高管服务的五名秘书的管理者讲述了伴随消极结果时发生的事情。他说，公司的规则是如有秘书完成自己的工作，她便要联系手头工作最多的秘书并接下部分工作。不过，这种现象事实上并未出现过，每位秘书似乎都在拖着自己的工作不完成。在工作速度最快的员工得到的唯一结果便是接着干本属于其他人的工作的环境下，这是种司空见惯的现象。

在一家冰激凌公司里，工人最不喜欢的工作就是操作棒冰机器。机器操作员必须把制作好的棒冰装袋然后放入纸箱中。这份工作之所以讨人厌，是因为机器生产棒冰的速度过快，而且操作员还得一个人工作。因为操作棒冰机器被看作一份“差劲工作”，所以工人轮流操作机器一天。这位管理者抱怨，大多数工人对这份工作都做得很不好：制出来的棒冰会堆积起来、掉到地板上，而且常常得停下机器让工人赶上进度。令他感到吃惊的是，即使那些一开始做得出色的人后来也似乎不能持续出色地做下来。尽管工人轮流操作，但那些在这份工作中做得出色的工人轮到这份工作的频率比其余工人轮到的频率更高。显然，绩效出色者会有消极结果。

另举一例。一位管理者无法让员工推荐出能提高组织整体效率的项目。他抱怨他们缺乏创意、毫无积极性及为组织奉献的兴趣。可是在他的内部职员会议上，当有人提出建议时，他的反应是暗示这些主意不切实际或毫无条理。如果有主意被接受了，他通常会说：“好主意，既然是你提出的主意，为什么不由你来跟进呢？”提出主意的结果是遇到尴尬或招来了更多工作。

在劳动密集型的生产环境中，主管们常常谈论的一个情况是有些新员工一开始干劲十足，展示出未来成为生产能手的潜力，可是他们似乎很快就蔫了下去，而他们的产量也变得跟其他人一般无二了。在有些环境中，产量比同事们高的结果是只能独自喝咖啡、在停车场被打掉牙或轮胎总被放掉气。打破产量纪录的人并不怎么受人待见。

在较小型的组织里，高管们经常抱怨的一种情形是这里的人们不会独立思考或不会独立行事；他们在做任何一件事情前总想要得到老板的首肯。你可能会猜测在这些组织里究竟有没有人独立做过一件事。答案是有的，偶尔会有。可是如果确实有人独自完成了某件事，如果做成功了，发生在这名员工身上最好的境遇是,老板会告诉他另外还有 11 种方法可以把工作做得更好。但如果这种独立行动失败了，则结果会有好多种，从被老板在同事面前当众取笑到在数天里被老板排斥，或永远被贴上个“废物”的标签。

管理者在与员工的交往中，偶尔会在无意中成为思想传输过程的牺牲品，因而在不知不觉中把消极结果当作智慧的瑰宝传输给了员工。一个常常发生的情形是，当一名员工向管理者提出一个主意时，管理者常常会因此联想到另外一个主意。因为我们的心灵是种反应性器官，员工提出的主意在管理者头脑中创造出了一个思维反应，这便催生了另外一个主意。

非常自然地，因为管理者的主意是被员工的主意触发的，管理者的主意很可能更优秀。如果你把这一情况跟另一个管理层职业病“老板觉得自己的主意始终是最棒的（即便并非如此）”结合起来想一下的话，你就创设了一种情形，即向管理者提出主意的员工得到的只有消极结果。管理者总会想出另外一个主意，而且你必须得按管理者的主意做。作为一位管理者，在员工给你提出主意时你无法阻止思想传输的出现，但你可以动用思想传输来让你的新主意出自员工之口，这样可以避免使思想传输成为一种消极结果。

在企业界里，行为人所承受的最显而易见的消极结果便是绩效上的失败。这些失败频繁出现的原因在于行为人不懂得如何正确行事。当员工被要求去做事而他们不懂如何做或没有办法去做时，他们便常常遭遇失败；这对他们来说是一种消极结果。销售人员常常不卖力推销他们公司的一种或数种产品。因为：① 产品达不到预期效果；② 产品总是无法按期交货；③ 销售人员在技术上对该产品并不熟悉，因而便无法回答客户的问题。前两个因素导致的结果是客户会恼怒并把怒气全撒在销售人员身上。第三个因素则会造成尴尬局面，而且最普遍的结果是推销失败，失去一个客户。谁会希望失去客户呢？

有一家一年推出 5～15 种新产品的公司的一位销售员最近向我说，他正面临着失去工作的危险。他陷入了麻烦之中，原因在于他很少推销任何新产品，直到新产品推出满 10～12 个月，他才会推销新产品。他给出的原因如下：

> 公司在推出新产品时，事情总会搞成一团糟。有时产品资料有了，可是还没有新产品；下一次新产品推出来了，可又没有产品资料。又有一次他们要推出一款新产品，可接着工程部有人决定修改产品的应用工具，这导致出现新产品已上市，但应用产品的工具却要延期交货的局面。
>
> 我过去常常推销这些新产品，但我觉得在向客户解释为什么我刚销售出去的产品无法交货时，自己就像个白痴。

有些工作，如客户电话中心的工作，是要与客户或公众打交道的。这里面的工作人员会承受超出平均水平的口头谩骂，有些甚至是咒骂。在这种情况下，跟客户交谈的结果就是受罪。新入职的员工时不时地表现很差劲，他们会在反应中争辩得太厉害，就好像这些投诉是针对他们个人而不是针对公司或产品似的。他们或许会流泪、离开工作台、上班迟到或根本不再去上班。人们很容易指责他们小题大做，并声称他们情感上不稳定、不适合那项工作。然而，对需大声讲话的客户服务工作进行培训的一个关键部分是，教员工不要把客户的评论当成针对个人的并从而相应做出反应。通过培训员工如何做出妥当行为，你便消除了一种技能缺陷，这具有消除绩效消极结果的效果。

一个比较罕见的情况是，绩效低下是由于员工持续对工作中的痛苦做出过激反应，而这种痛苦在其他员工看来是工作中的正常现象而已。如果你无法消除这种痛苦，那么就把员工从该工作岗位上调离吧。

例如，一位在一家零售公司就职的年轻女性在该公司工作了五年之后突然因为频繁旷工而面临失去工作的境地。她的管理者认为她旷工是因为“女性问题”或私人问题，但她却什么也不说。因为管理者必须采取铁腕手段对待旷工问题，所以他只得心有不甘地决定放弃这名员工。

在跟这名员工面谈时，我发现她的旷工问题是在她从商品标签部转移到服装标签部之后才出现的。两个部门的工作待遇相同。两项工作的唯一区别在于，在商品标签部里，员工是用胶水把标签贴在商品上，而在服装标签部里，员工则用一种射钉枪把标签钉在商品上。射钉枪是一种用大头钉射穿标签和服装的手持设备。新员工偶尔会把大头钉连同服装和标签一同射到手上。手被射到时会有痛感，但从来不会造成严重伤害，而且极少发生在有经验的员工身上。

这名员工从未有过手被射钉枪射中的经历，不过她表达出对手被射中的强烈恐惧。她说，在商品标签部出现职位空缺时她曾要求经理把自己调回去，可是被拒绝了。当我问经理为什么不把她调回到原来部门去时，他回答：“当然，她跟我讲过不喜欢射钉枪这回事，不过她是在夸大其词；我给她演示过射钉枪的正确用法；她一定得成熟并学会如何做好这项工作。我对她说，在她学会用射钉枪并且不再表现得这么孩子气的时候，我才会把她调回商品标签部。”（听上去很像黑暗时代，不是吗？）

后来采取的行动是立即把这名员工调到商品标签部。由此产生的神奇结果是旷工问题消失了。这个故事说明的道理是，如果管理者接受员工对绩效消极结果的看法，那么管理者便可以早早解决自己的问题（员工旷工）。

这些都是员工按要求完成任务后却要承受消极结果惩罚的例子。遇到绩效不佳情况时，管理者通常会寻找缺乏回报（积极结果）作为理由，但极少有管理者想到绩效不佳之所以出现，是因为员工把工作做得妥当却还要受到惩罚。如果逻辑会引导管理者相信员工不做事是因为缺乏回报的话，那么为什么同样的逻辑不能引导管理者相信员工不会做那些使他们受到惩罚的工作呢？

解决这类问题的一个显而易见的方法便是消除消极结果。可是你或许会说："所有工作都有消极结果。毕竟，没有工作是玩乐的；所以你还要假设无法消除消极结果的情形。"当然，你这个说法是正确的，不过你还得承认："所有玩乐都需要付出精力，还会包括一些消极结果。"

现今世界上最流行的参与性运动需要体力付出，会磨起泡造成一些小伤，同时还会伴有失败所带来的远远超过一般工作中可能经受的社交尴尬。那么这些运动为什么还这么受欢迎呢？是我们喜欢受到惩罚吗？原因在于这些运动同时还会带来弥补甚至超越消极结果的积极结果。消除影响绩效的消极结果是种合乎逻辑的举措，不过如果无法消除这些消极结果，那么解决方法便是在原本没有积极结果的领域增加积极结果以便抵消消极结果。

如果你认可"行为是其结果的函数"这一科学事实的话，那么你便拓展了自己对低绩效原因的分析范围，从而也便有能力解决更多的绩效问题。在你寻找是什么因素导致低绩效这一问题的答案时，回答下面这个更具体的问题："绩效达成后会有消极结果相随吗？"如果答复是肯定的，那么解决方法便是消除消极结果或调离员工，具体如下：

1. 通过消除消极结果来改变结果。

2. 通过向同一绩效提供即时积极结果来抵消消极结果。（口头表彰效果很好："我发现尽管客户冲你大吼大叫，你仍然友善回应；继续保持这种专业绩效。"）

员工是否预期未来有消极结果出现

恐惧只不过是人们对自己采取一种行动后未来消极结果的预期而已，当人们说“我怕做那件事”时，你必须让他们讲出来怕的是什么。这种描述越具体越好，因为这会帮助你把一般性恐惧化解为你很可能有办法加以对付的具体恐惧事项。如果这种恐惧是想象出来的而且甚至都不会发生，但无论如何它对这名员工来说是种真实的恐惧。那么在这种情况下，你在解释这种恐惧不会出现的时候一定得让对方心服口服。如果这种恐惧是真实的，而且消极结果可能出现，但这种担心却是其他员工所能忍受的，那么你就必须展示做事所带来回报的价值要高于做事带来消极结果的损失。查明员工是否会因为做事妥当或未能妥当做事而预期未来会有消极结果。前者不大可能发生，而只有在失败时后者才会出现，你可以提供帮助以保证员工做事成功。人们在生活中怕做许多事情，不过他们还是去做。恐惧并没有让人们束手束脚，一事不做。如果员工的恐惧使得他们畏首畏尾（心理疾病），那么你也无能为力。如果员工预期未来会有消极结果，就纠正他的误解。

低绩效是否有积极结果相随

因为对行为矫正的科学研究已证明有积极结果相随的行为通常会频繁出现，所以我们应该尝试查明我们的低绩效问题的出现是否源于这样一种原因，即低绩效行为反倒得到回报这一原因。

一个非常明确的现实是，员工之所以不做分内之事，原因就在于他们不做事得到的回报更大。虽说这种事情看上去很稀奇，但管理者却常常奖励那些不按管理者意愿行事的人。之所以出现这种现象，原因就在于，大多数管理者是按他们自己的看法而不是从员工的视角来解读发生在员工身上的一切。

例如，我们看一看一名有缺勤问题的员工。从老板的角度看，这名员工似乎有能力做这项工作；他有一次甚至做得很出色。但是因为他较高的旷工率，老板不能给他分派重要工作。老板花了大量时间跟这名员工谈话，试图加深对他的了解，了解他的动机。老板跟他谈忠诚、团队合作、在公司里升迁的个人成长前景，甚至问他更喜欢做什么样的工作。在老板眼中，这是一名不可靠的员工。因为这种不可靠性，这名员工在公司内部当然不会有什么前途。这种不可靠性使得这名员工在老板眼中没有什么价值，如果这一问题得不到解决，这名员工终将被开除。老板搞不明白为什么这个世界上竟然有人会这样行事。要是他自己因为鸡毛蒜皮的小事缺勤的话，他都没脸面对镜子中的自己。

我们现在从员工的角度看看这件事：

1. 当我休假时，我可以不工作，还有工资拿（公司病假政策）。

2. 我可以在不必工作的日子里晚睡，而且可以做许多有趣的其他事情而不是去工作。

3. 我会得到老板的许多关注。

4. 他们会安排我干些轻松的活（那些不受缺勤影响的事）。

5. 他们会一直找我谈话，但不会开除我（在这家公司里这个时间段大约是一年时间）。

大家可以看到，这名员工所展望的结果是跟个人生活密切相关的，而且是即时的积极结果，而老板所展望的结果对员工来说或者是不相关的，或者是长期的积极结果。你或许觉得我把你逼进了实施读心术的行当里，但事实并非如此。如果你把自己对结果的理解限制在工作环境中，则这个问题便不难解决了。事实上，你知道的比你认为自己知道的要多。

例如，如果你曾在企业界工作过不拘长短的一段时间，那么你就一定知道那条不成文的法则：如果有重要事情要做，那就找那些自己信得过的人去做。在管理者有重要事情需要完成的时候，这一法则便一次次地得到验证。任务越关键，管理者就越有可能找那些最得力的员工去做。当然，管理者会使用提供良好服务的资源而避免使用历史经验证明不会提供良好服务的资源。管理者的这种做法显然是合乎逻辑的。这是企业界生存法则的精华所在。

遗憾的是，管理者在具体员工行为的转变中起了推波助澜的作用，一方面允许他们无所事事，另一方面又对他们许以未来少让他们做事的积极结果。他们学到了做得越少，被叫去做事的概率就越小这一道理。这一现象出现在组织中的各个层级上。当这种现象发生在高层时，这一情况看上去近乎可憎，有人竟然可以相对来说全年都无所事事，就拿到八万美元的薪水。

尚无举措来化解这一问题；这个问题只是被规避了。这种规避便是对员工的低绩效回报以积极结果。在某些公司里，低绩效的积极结果是被派去参加研讨会。这里的研讨会不是指那些专门设计来传授技能以纠正因为技能缺陷所导致的绩效问题的研讨会。我说的是那些被冠以开发等笼统名称的非技能传授型研讨会。

在我跟一家全球性公司的加拿大分公司探讨如何设计绩效评估时，该公司人力资源总监向我倾诉在不同分公司间调用高潜力管理者时面临的人才匮乏问题，尽管这种调用对当事人个人来说意味着升职。

他说："每个分公司都愿意给我们提供填补这些升迁位置的候选人，但他们不会把自己最优秀的人才拿出来。当我们拿着历史绩效记录向他们索要最优秀的管理者时，分公司头头们总会出面说出一些不能放这些人走的原因。这样一来结果便是，我知道我们没有把最优秀的人才升迁上去。我们得到的只是些他们舍得拿出来的人，在有些情况下还是些他们巴不得除掉的人。而真正的高潜力管理者则被锁在他们的分公司里，这些人的个人长期发展就此被耽搁了。”

这不是零星出现的孤立事件。它或多或少地在所有组织中都有出现，不管是企业、政府机关还是学术团体。这些管理者在做这些决策时，都是从确保他们自身生存的这一逻辑出发的。他们会把自己认为是高水平的人才留在自己的救生艇上以确保自己的生存，同时却把他们眼中的废材扔给愿意接收的任何部门。对于做出这些决策的管理者而言，这种做法是完全合乎逻辑的。但这样一来的结果便是，低绩效员工得到升迁的奖励，而良好绩效员工反倒受到升迁无望的惩罚。

另一个低绩效受奖励的例子发生时，是在被错误地冠以团队合作名义的情形中。在一家大学图书馆里，每名员工都要做一项名为整理书架的工作，该图书馆的藏书被划分成不同的区域，每名员工都分到一个区。整理书架工作要求每名员工核对自己区域书架上每本书的书号，以确保每本书都按正确的数字顺序排列整齐。这项工作大约要花四小时才能完成。馆长要求每个区域每周进行一次整理。员工都视这一工作为无聊可恶之事。

到周五中午，馆长会检查一张标有各名员工是否完成各自所分派任务的图表。他常常发现有不少员工以手头工作太忙为由没有完成整理书架的工作，有些人甚至都还没开始整理。这时馆长会要求已完成自己区域内书架整理工作的员工去帮那些没有整理书架的员工进行整理工作。有些员工每周都完成自己的书架整理工作，有些只是两三周才完成一次。没有谁因为没整理书架而被开除或受到责备。这样一来，不做好分派给自己的书架整理任务的结果就是，有人替你做。

在我举办的一次研讨会上，一位管理者问我：“如果有一位秘书总是抱怨自己分内的工作，可工作量却并不大，而且她有充足时间去完成任务，你会怎么办？”他解释，尽管聘这位秘书来为两位管理者服务，但在她到职时只有一位管理者在职。在招聘第二位管理者所花的八个星期里，该秘书的工作量只有正常工作量的一半。第二位管理者到职后不久，这位秘书便抱怨工作量大得不合情理。按照他的说法，她首先向一位或两位管理者抱怨，接着便开始向她身边的工作人员抱怨。他说现在问题更加恶化；她有大量时间不在工作岗位上，跑去向办公室里的其他人抱怨自己工作量太大。他向我保证说这些工作没有轻重缓急之分，因为两位管理者经常出差，所以她的工作量没有大到不合理的地步。

我问在秘书第一次抱怨的时候，这两位管理者都做了些什么。他回答："嗯，前几次她抱怨时，他们都在倾听了她的抱怨后给她送了花。不过这没有任何效果，抱怨次数不但没有减少，反倒增加了。"我要他从所有行为均为其结果之函数这一行为管理概念角度分析这一问题。他很快认识到秘书收到花对她显然是种积极结果，从而强化了她的这种抱怨行为，因为抱怨次数增加了。我对他说，如果她每次抱怨他们都送花的话，这样下去最有可能出现的情况是使得她跑到大街上去拦住行人，向陌生人抱怨自己的工作量大得不合理。管理者做了些自以为友善的举动，但他们在事实上奖励了这种低绩效行为。他们应当在她不抱怨工作量大的时候送花。

这是管理者实际上是在运用积极强化法增加他们所不喜欢行为的发生频率的一个有趣例子。这一事实说明了积极强化会增加一种行为重复自身的概率，而不受那些应用这种强化因素的人及受强化因素影响者意图的影响。例如，你是否曾跟员工就其低绩效问题与他们探讨他们的恶劣态度，同时你也强调他们做出改变的必要性，可他们最终并没有做出改变。事实上，你发现自己跟他们就态度问题展开的探讨越来越多。在你扮演业余心理学家这一角色的时候就会出现这种情况，因为你的关注对员工来说很可能是种积极结果。事实上，你的反应或许是在强化找出这些借口及做出改变的诺言这种行为，而问题行为依然没有改变。你的行为或许会增加员工在出现低绩效问题时再次找借口及空口承诺改变的可能性。

一位销售经理讲述了一位总会迟交定期报告的销售员的故事。该经理纠正这一问题的策略是要求这个销售员在月度销售员会议上站在前面向大家解释他为什么会迟交报告。这通常会引来其他销售员开他的玩笑及哄笑。这个问题销售员会站起来讲 5～10 分钟，谈自己、他的销售区域、他做的工作，以及他为什么会迟交报告。经理的逻辑是，站在其他销售员面前解释的这种尴尬举动会最终使他按时上交报告。

经理这种做法持续了大约一年时间，而迟交报告问题依然没有解决。他说："这种情况很难想象，不过这个问题销售员总能找到迟交报告的合理借口。"然后，出于某种原因，经理在随后三次的月度会议上都没有沿用这一策略。到了第四个月月底，所有规定报告都按时交了上来。这位经理说他曾就按时上交报告一事私下里表扬了这个销售员一次，此后就再也没有出现迟交报告的问题了。他无法理解个中原因。

一个常常出现的情况是，管理者所理解的消极结果或许在事实上对员工来说是种积极结果。站在众人面前，成为大家友善打趣和关注的中心对许多人来说是种积极结果而非威胁。

如果你对"是什么导致绩效不佳"这一问题的分析得出低绩效有积极结果与之相伴这一结论的话，那么解决方式便是改变结果。取消与低绩效相伴的积极结果，同时在良好绩效达成后设置积极结果。

是否有员工做事不当却不必承受消极结果

你是否在一家从来不开除员工的公司里工作？你处理低绩效员工的策略是不是把他们调到其他部门去？你是否因为怕伤害员工的感情而避免给他们批评信或警告信？你是否在他们的档案里记满了警告和批评意见，却从来不对他们采取其他处罚措施？你有一些似乎永远也没把工作做好过，却始终出现在你工资单上的员工吗？如果你对上述问题中的任何一个问题的答复是肯定的，那就意味着这些人做事不当，但不会有消极结果相随，这时错便在你身上了。有些员工会很快领会到这样一个道理，即他们根本不必做你花钱请他们做的事，他们只要做到保证工资不会被取消就行了。你得对做事不妥的人采取纠正性措施，以弥补对做事妥当员工的亏欠。

你可以采取的一种消极结果便是更频繁地出现在他们的工作区域并询问一些具体问题，例如："你在干什么？""你什么时候开始工作？""你预计何时结束？""你为什么要做那件事？"如果你发现人们凑在一起聊天，走过去听他们在聊些什么，他们便会回到各自工作岗位上。如果这一方法不奏效，那便问他们："你们聊的内容跟工作有关吗？"如果他们说跟工作无关，就要求他们返回工作岗位。如果他们照做了，那便对他们表示感谢。一位管理者对我说，他有两名员工每天总是早早地离开工作区域，站在大门边等下班时间一到便离开。他按我教他的做法去做了，他比这两名员工平常到大门边的时间早一分钟站在了出口大门边。因为他在那儿，所以他们就没有离开岗位，于是他对他们在工作岗位上等到下班时间再离开的做法表示了感谢。这样过了两天之后他们便不再早早离岗了。他出现在大门边只是督促员工妥当行事的行为干预中的一半。而他在他们做事妥当之后进行的强化则是行为干预中的另一半。

一位从事制造业的管理者抱怨，他手下有一批印刷机操作员，他们每天早早离开印刷机操作岗位并成为第一批用浴室的人。每次他就这一问题跟他们谈话后，第二天他们便会声称印刷机了出一些怪异的声音，已经不安全了，需要停机检查。我们就他所掌握的情况进行了深入探讨，最终弄明白了原委，原来这批印刷机操作员是公司垒球队队员，他们每周有一天要早早离开去参加球队训练。在我的鼓励下，他对这批印刷机操作员说，如果他们不在印刷机操作岗位上干到下班时间的话，他就不允许他们提前离开去进行垒球训练。于是问题便迎刃而解了。

一位管理者讲述了运用消极结果转化自己手下八位销售员中一位名叫杰克的销售员的故事。杰克负责向某区域的运动服装零售商推销产品，他的销售业绩是该管理者辖区里最差的。在过去三个月里她每次跟杰克谈，他都会拿出同样的理由来搪塞：经济不景气，他所在区域里的失业率上升，他负责店铺的顾客多为经济拮据而且并不怎么会在运动服装上花钱的蓝领工人。这位管理者手下也有其他销售员负责的区域跟杰克类似，人口经济状况跟杰克的区域差不多，但这些销售员业绩都不错，因此管理者知道错在杰克。她又安排时间跟杰克谈了一次，在谈话中强调了杰克就自己区域销售潜力撰写的报告，指出该报告中的详尽分析为公司做出了重大贡献。她对杰克说，他的报告已让公司深信他那块区域并无多少销售潜力可挖，因而也就不值得保留一位全职销售员了。因此公司决定把杰克的销售区域并入弗兰妮负责的另一个销售区域。她说："当然，这意味着你的工作就没有了，不过我们真心感激你撰写了一份这么出色的报告。"她说杰克看上去就像心脏病要发作了一般。不过过了一会儿他说："等一下。也许我们还可以采取一些措施来提高我销售区域的销售额。"接着他花了两小时来计划他将如何提高销售额。她说，在30天的时间内他便超越了自己的销售目标。

消极结果可以是书面批评及警告，分派一些人们不喜欢的工作，打较低的评估分数，拒绝其调职申请，取消带薪休假，等等。在大多数与工会签署用工合同的公司里，管理者都没有意识到自己手中所拥有的权力。因为他们畏惧这种合同，所以他们倾向于避免采取一些有助于提高劳动生产率的举措。

如果员工行事不妥而没有接受到任何消极结果，那么就给予其消极结果。

有私人问题干扰绩效吗

私人问题指的是跟业务不沾边的员工生活与员工工作绩效发生直接冲突或产生一种影响员工绩效的情感状态这类情形。这种情形可能是保姆辞职或没赶到家里、汽车抛锚、亲人生病、失恋、医生或牙医预约、离婚、孩子被抓进了警局、爱人过世、经济困难、车祸、自行车座创伤、昨晚保龄球打得太烂，诸如此类。你如何处理一个员工的私人问题，取决于该问题对工作绩效的影响大小及该问题是否能够解决。有些问题是紧急情况，如爱人过世或出车祸，在这种情况下，你所能采取的最佳措施是适应该员工，直到该紧急情况成为历史为止。有些情形则可以加以规划，如房屋被没收、出庭诉讼或到机场接一位亲人。给你带来最多麻烦的是那些看上去有很高的情感成分，而且员工似乎无法工作、旷工或迟到状况持续数周的情况。如果有人正在办理离婚，你可以给他们几天时间的休假或晚到早退去进行律师咨询。但你却不能让他们在半年时间里来上班却不做事，或让他们在家里待半年却拿薪水。问题是你该如何处理这些情形。你的答案应是向员工解释，他面临着两个问题，私人问题和工作问题。你可以告诉员工你理解他们感觉糟糕这种感受，而且感觉糟糕也没有什么问题，但在工作中表现糟糕就不行了。

一家小企业的总经理讲了这样一个案例，她的一名员工刚刚经历婚姻失败，动不动就哭，整天跟亲戚及律师打电话，也不做自己的工作。这位总经理说她对这名员工的遭遇表示同情，但在一家小公司里，如果一个人不做好该干的工作便会造成大问题。这一状况已经持续了两周，她对此束手无策。我教给她该如何做，下面便是她的故事。

这位总经理安排时间跟这名问题员工谈话，她一开始便说：“我注意到你遇到了某种问题，你愿意谈一谈吗？”员工说愿意，接着便花了 20 分钟描述这次婚姻破裂。当她讲完后，总经理问：“有什么我可以帮得上忙的地方吗？”员工说：“谢谢你的关心，不过不需要，我必须自己解决这个问题。”总经理接着问：“你认为这种问题状态会持续多久呢？”员工回答：“问题很难缠，如果能在一年内结束的话我就算幸运的了。”总经理说：“我现在对你的问题有了更深的了解，不过我们还有一个需要你帮忙解决的问题。你的工作是安排跟潜在客户的会面，安排他们的行程及准备销售展示活动的材料，这样我们才能把产品打进新市场。你是唯一在做这些事情的人。你没有做，则工作就没人做，我们在营销计划上就赶不上进度。我理解你对婚姻破裂感到很难受的心情，我也可以理解你这问题可能会持续一年这一情况。不过我们的业务问题却不可以持续那么长时间。你能帮助我消除这一问题吗？”员工回答：“可以。”虽说此后她的私人问题没有明显的改善，但这个业务上的问题却消失了。她不再哭泣，而且她的私人电话数量也减少了很多，于是她的工作又回到了正轨。

因此，如果私人问题干扰绩效，那么容忍该问题或让员工帮助解决你面临的问题。

如果员工决定做一项工作，他们是否能做到

通常，在遇到员工绩效低下问题时，这是管理者问的第一个问题。他们会立马回答：“当然，如果这浑蛋真干起来的话，那么他就能干好。”然后管理者便用大吼、尖叫和威胁让员工去干活。遗憾的是，只有在先运用过先前

讲过的教练分析之后，这一问题及其答案才在指导你的管理行为过程中有价值。如果你不先进行教练分析，你便会始终找不到正确答案。

我们假设你已经完成了教练分析，已经判明了导致低绩效的因素，你还得出了如下结论：

员工知道自己的绩效不佳。

员工知道该做什么及何时去做。

员工知道该如何去做。

员工知道为什么要做。

不存在超出员工控制的障碍。

员工知道你的方法可行。

员工知道他的方法不一定更好。

员工知道工作的轻重缓急。

员工做事得当会有积极结果。

做事得当不会有消极结果。

员工不怕做事。

员工绩效不佳的话的确会得到消极结果。

员工没有私人问题。

因此，你就到了一个必须对员工行为做出判定的决断点，要回答："我是否相信'如果这名员工决定做事便能做到'这种说法？"这个问题意味着，如果你拿把手枪顶在那名员工的脑袋上，威胁说如果他不干活的话就要扣动扳机，那名员工能做吗？如果答案依然是不能，那么你便把绩效不佳的原因缩小到因为个人缺陷而导致失败的罕见案例中。这意味着这个人有智力或体力上的问题，使得他无法妥当行事。这就是说，员工不具备做事的内在能力。我们这里谈论的不是作为培训出来的功能的行为能力。人们的内在能力是他们与生俱来的内在特征，以及有可能在生活中受损的这样一种功能。一个人可能具有学会编程的内在能力，却因为没在这方面接受过教育故而不具有编程能力。另外，另一个人不论接受多少编程方面的训练却可能永远也学不会，因为那个人没有这方面的内在能力。

你可能有员工出现临时性问题，如喉炎或怀孕问题，但这些问题你不必用到分析中的这一步就可以搞明白了。

如果你对本问题的回答是否定的，则唯一可行方法便是调走或开除该员工！（除非你决定容忍这种低下绩效。）如果你决定容忍这一问题，那么你便会对自己为何一开始对此感到烦恼而奇怪。

如果你觉得这一决定太过于不近人情，那么我只能说："因为你对此无能为力，那么便学会容忍这一问题吧。"当然，你有可能雇到了一名没有内在做事能力或心理疾病严重到你无法管理（个人缺陷）的员工。员工个人生活中还可能有些超出你的控制，或他们可以加以限制或制衡的重要不确定因素。如果你正确地运用了教练分析，并且得出了他们没有办法做这个结论，则你作为一位管理者便没有其他选择了。

如果你的答案是"是的，如果要做的话他们就可以做到"，那么你恰当的选择是运用教练面谈流程重新引导员工行为，具体做法见第10章。

我们在教练分析中唯一没提到的绩效失败原因便是"谁也没办法做到"这一原因。这不是指诸如我们在前文"是否有超出员工控制的障碍"一节中提到的停电；像停电这一类障碍消除时，绩效便会恢复。同时，这也不是指过去没有人能做到，而是指你的团队设计出了一项没有谁能完成的计划。这种现象在商业中常常出现。这指的是给人们定出"挑战性目标"：要求人们做人人都知道不可能完成的任务，期望他们最终会加倍努力。此外，制约绩效的还有许多其他因素，如计算机处理速度、设备生产能力、一天内工作时间的长短等。如果在工作开始前花点时间回答"我们将如何做？"这个问题，那么不管做什么，你总可以避免要求人们做一些没有谁能做得到的事情。

第10章 教练面谈

所谓教练的面对面谈话流程，其目的在于改变员工行为以便解决绩效问题：让员工停止做不该做的事或让其做该做的事情（见图 10-1）。实施这一做法的前提是你已经完成了自己的教练分析，得出了该员工如果决定做的话就能做成这一结论。

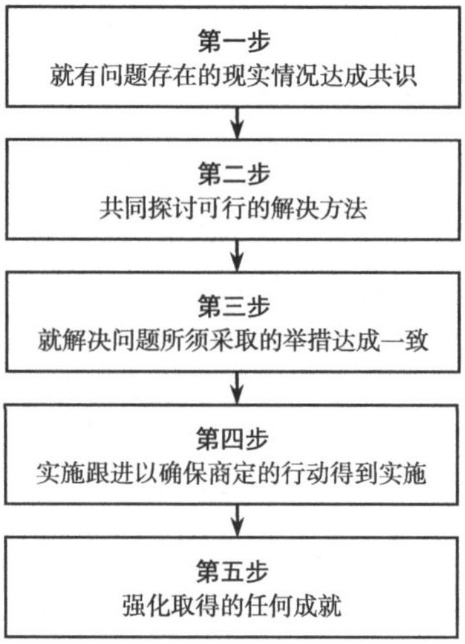

图 10-1　教练面谈步骤解析

如果你还未完成教练分析，你就不应该实施这种教练面谈。你可以就绩效问题给员工提供反馈或试图对问题有个全面理解，但你不应该实施教练面谈。如果绩效低下问题是由教练分析中给出的一个或多个原因所致，则你的教练面谈就不会有效果。在转变员工行为的过程中，只有在其他原因已被排除的情况下，教练面谈才会有效。例如，如果某人不懂如何做某事（技能缺陷），你就无法让她去做这件事（转变她的行为），除非她学会了如何去做。你在教练面谈的过程中有时或许会发现自己在教练分析过程中所忽视的一些情况。例如，你发现存在一个你此前不知道的障碍，这个障碍阻碍了绩效的实现。你就应该在这一点上停止教练面谈，转而按教练分析流程中你会采取的措施行事，即消除该障碍。

教练面谈是一个分五步实施的过程，它将指导你与问题员工进行面谈，以便纠正其绩效问题。

为这种教练面谈进行的准备工作应当类似于你过去肯定实施过的评估性面谈：

1. 选择一个私密的地方，以保证谈话不会被人偶然听到。

2. 如果可行，不要让第三者在场。如果有第三者在场，则只跟员工谈话。

3. 预先采取措施，保证没人和没有电话等干扰。

4. 不要在餐馆里进行。不管这种环境给人的感觉多好，但令人分神的事情太多，这使得谈话很难成功。同理，也不要在其中一人开车的车里进行。

5. 留出足够多的时间，这样便不必在谈话完成前就中断。

6. 在有办法控制好自己的情绪前不要开始教练面谈。

7. 对即将开始探讨的行为偏差有具体的描述。如果你要谈论迟到问题，那么你便应该有精确的信息，如具体迟到次数及迟到时间长度，以及跟规定工作时间相比及跟常规或其他员工的平均迟到情况相比的数据。

8. 要做好准备，从逻辑上证实取得规定绩效的重要性，同时说明低绩效的各种后果。显然，你之所以在运用教练流程，是因为你认为低绩效是件需要应对的重要事情。

9. 事先确定员工行为会影响绩效，使之发生期望的改变。显然，如果员工的行为不能影响绩效的改变，那你为什么要就这个问题跟员工谈话呢？

10. 事先确定你可以接受的作为面谈结果的最低限度行动，有哪些可行的备用方法，以及你期待何时绩效会有改善。

第一步——就有问题存在的现实情况达成共识

教练面谈流程中的第一步就是就有问题存在的现实情况达成共识。这是教练面谈流程中最关键的一步，通常这一步会占去整个教练面谈流程中的半数时间。这一步是大多数管理者在消除绩效问题的努力中遭遇失败的地方。他们的失败源于他们绕过这一步的做法。管理者天然地假设员工知道问题的存在。他们解释："毕竟做错了事情的是员工，因此那个人一定知道自己在什么地方做错了。"这种解释听起来合乎逻辑，却行不通。许多问题员工知道自己做错了某些事情，但他们并不认为这是什么问题。

大多数管理者都认为，只有两个人事先就问题存在达成一致，他们才能合力解决商业问题。但在管理过程中，这一合乎逻辑而又最重要的步骤被绕过的唯一原因在于管理者认为员工知道该问题的存在。

这一情形的一个很有说服力的例子是，一家小型化工公司的一位高管对我说，他要开除自己手下的一名化学博士员工。这位化学博士的绩效令人满意，只是即使在该高管再三要求的情况下，这位化学博士仍然极少提交每周进展报告。这位高管说："一年多来，我一直都在尝试让他提交每周进展报告，可毫无效果。如果他连这么简单的事情都做不到，那么我就不值得为留住他而动怒了；市场上的化学博士多得很。”

我把教练面谈流程教给他，同时建议他在承担这种更换员工所带来的支出前先试试教练面谈流程。一个月后，他告诉我他用了教练面谈流程，结果发现这位化学博士不提交报告的原因实在是令人吃惊。

按这位高管的说法，在教练面谈的第一步，即就有问题存在的现实情况达成共识中，化学博士称因为他和这位高管每天都见面并轻松地聊一聊进展，所以他就认为书面报告只是一种文书方面的细节，因而也就毫无提交报告的必要了。这位化学博士说：“我觉得反正所有情况你都知道了，所以看似没有什么必要再提交一份书面报告了。”高管对化学博士说，除那些口头简介外，他知道的情况还不够。高管说：“尽管有了这些非正式的口头汇报，但我还需要完整的报告信息，这样我才能进行研究、记忆及在必要时加以参考。”

这位化学博士就自己假定口头简报就可以替代书面报告这种错误的认识向高管道歉，同时同意在此后提交书面报告。这位高管对我说，在进行教练面谈之后的三周里，他在没有任何进一步谈话的情况下便收到了三份每周进展报告。他对将来继续收到报告信心十足。

这是一种司空见惯的现象，同时也说明了教练面谈流程中第一步的重要性。这位化学博士知道自己有些事情没做，但他不知道这是个问题。第一步中的重要部分在于，不是要告诉人们有问题存在，或要人们做一种所谓“使他们知道有问题存在”的行动，而是使他们同意问题存在。你知道自己达成这一点的唯一方法是令这种声音从他们口中说出，即“是的，我同意那是个问题”。

在第一步中，你将使用整个教练面谈流程 50% 的时间。事实上，你或许会觉得自己在第一步上花的时间太多了。然后尽管你尚未就问题存在和员工取得一致，你仍然会进入第二步。不要这么做，因为如果员工没有就问题存在认同你的观点，你就无法解决问题。如果你致力解决的问题实在并不怎么重要，你就无法让员工认同其重要性。这又为实事求是地回答教练分析流程一开始提出的那个重要问题“这是否值得你付出时间”指出了一个原因。

只有以下两类原因可以就问题的存在说服问题行为人：

1. 使员工理解他做错或未能做对的事对于组织所造成的结果。
2. 使员工理解绩效没有改善对自己造成的结果。

第一项提及的结果指的是因为员工绩效低下而导致发生在周围人身上的结果。例如，一名员工的低绩效可能会中断对某位需要服务人士的服务；其他人可能会因为数据或预备工作延迟或不完整而无法做自己的工作；或许会造成一些额外的工作；可能产生额外费用；或许会有财产或人身方面的损伤；客户可能会投诉；而你的老板可能会冲你吼。

第二项提及的结果指的是在员工未能消除低绩效的情况下可能会发生在员工自己身上的事情。例如，通常分派给某名员工的某些受人瞩目的工作可能会交给别人；员工可能会被调到一个较不理想的工作岗位上、被解职或被降职；可能得不到加薪；可能会无缘接受一些较优越的工作机会，或被从一个有声誉的委员会中除名，或被拒绝参与一些集会、跟业务不怎么相关的公差及非技能性研讨会等乐事。显然，依据员工职位的不同，这些结果会有相当大的差异。

第一项下的结果显然是因为员工的低绩效而发生在别人身上的结果，而第二项下的结果则显然指的是如果员工不停止做某事就会发生在自己身上的事情。

你或许会总结，第二项下的结果看来非常具有惩罚性。你的观点是正确的，虽说处罚不是我们的本意。如果把这一点跟我们在前文探讨过的乔治·凯利的理念联系起来考虑，那么大家应该会回忆起我们的结论：人们不会故意做自毁性的事情。如果他们做出了在特定时间点上从他们自身所拥有的选项角度看属最佳选择的决定，那么他们所做的事情在他们当时看来必定是个好主意，虽说在我们看来这些做法或许是些自毁性行为。如果你相信人们不会故意做出自毁性行为，那么，“如果你可以让人们认识到其做错事情所带来的后果，他们就会承认这是个问题”的说法，无疑是个非常稳妥的说法。

在商业中应用教练面谈流程的现实结果是，95% 的低绩效员工在认识到自己做错事情产生的结果后会认同有问题存在的现实情况。而剩下 5% 中的 95% 的人在认识到造成的后果或如果他们不停止自己的行为会有什么样的事情发生后，会认同有问题存在的现实情况。人们不会蓄意做出自毁性行为。如果有人这样做了，则或者因为他们不知道这样做产生的自毁性后果，或者他们不相信这样的后果会发生在他们身上。

大家会注意到，上一段提及的百分比数字会让大家相信，本教练面谈流程不会带来 100% 的成功。一个简单的事实是，你无法控制影响员工的全部因素。偶尔会出现超出你控制的低绩效反倒得到积极结果强化的情况。你没办法挽救所有员工。你将开除某些员工。有些员工会意识到，因为你在管理他们行为时的具体举措使得他们没办法再用令人眼花缭乱的策略来绕晕你，所以他们便会辞职。一位管理者对我讲，在跟一名员工进行教练面谈的过程中该员工说：“听着，我不想照你要求的那样辛苦工作，不如我们都省省，我辞职。”这位管理者对失去这名员工感到惋惜，不过他同时也对教练流程取得了某些成就感到开心，不然如果换另一种流程去走的话，这件事可能会再拖上半年时间。

我们考虑一下可能发生在一名名叫赫曼、常常工作迟到的员工身上的消极结果。你已经把常常迟到界定为，每五个工作日迟到时间超过 20 分钟的次数为三次，相比之下其他员工月均迟到一次。第一项下可能出现的低绩效结果如下：

1. 他的电话响了却没人去接，因此打电话来的人没得到服务。
2. 没有打通电话的人可能会致电其他人（很可能是更高职位的人）投诉。
3. 有时候其他员工会停下自己手头的工作来接听赫曼工位上无人接听的电话。
4. 因为赫曼的工作没有按时开始，致使其他人的工作被拖延。
5. 其他员工抱怨这种所谓的优待。（为什么其他人就得按时上班？）
6. 你的老板质疑你召集员工按时上班的能力。

基于赫曼的具体工作，你的清单或许并不包括上述全部项目，或许还会包括一些未列入上面清单的项目。重要的是，你界定的结果是真实的而非想象出来的。

我们现在设想，如果员工没有做出改变的话可能出现在第二项下的结果。在这个具体例子中，结果可能如下：

1. 不按规定按时上班可能使他与加薪无缘。
2. 因为持续迟到反映了一种不可靠性，他可能被排除在升迁机会之外。
3. 他或许会被调派到一个低级或需要较少责任的岗位。
4. 你或许必须开除他，并用一个会按时上班的人来代替他。

你可以看到，某些结果或许超出你的控制，却是你会启用并作用在赫曼身上的事情。你无从选择是否允许赫曼迟到。这是一项公司规定，这规定不是你制定的。你只是执行公司的规定而已，你不能忽视该规定。假设你告诉赫曼必须按时上班而他拒绝照做，那么他便缩小了你的可用办法范围。他是在把你逼进一个死角。

如前文所探讨的，不管是你还是你的员工，在工作中都不会拥有无限的行为选项。你们的行为都是有限的；每个人的工作都有适合于做好该工作的具体行为。员工的行为决定了你的行为。例如，你可能毫无疑问地知道赫曼的迟到问题一直存在，而你又推荐给他加薪，你的上级不但会拒绝你的建议，还会质问你为什么要给一个拒绝按时上班的人加薪。

在某些情况下，在第二项下或许只有一个结果，例如，如果他不停止这一做法，你就不得不用一个能够按时上班的人来代替他。如果你没有权力允许他继续迟到，那么你的备选行为就有限了。

你列出低绩效的这些结果及后果的目的不在于想象出一些惊悚故事来恐吓自己手下的员工。你不是要恐吓他们，你只是希望帮助他们。你只是通过让他们了解其行为的后果来帮助他们停止自毁性行为。记住，我们相信人们总是从在他们看来可行的备选项中选择他们觉得最好的选项。人们之所以在工作中做一些看似不合逻辑、事后证明是自毁性的行为，原因就在于：① 他们并非真正了解后果是什么；② 他们高估了自己逃避这些后果的能力；③ 他们不知道还有什么其他可以做的事情。

我们再回顾一下前文提到的查理刀捅妹夫这一事件。如果在查理正要把刀插进妹夫的喉咙之时，我们抓住了他的手腕说："查理，你意识到这么做会让你在监狱中度过余生这个后果了吗？"

查理：可是他让我发狂，我必须让他住嘴。

我们：除了捅他还有没有什么其他方法呢？

查理：如果我在他嘴上来一记重拳，他很可能会住口。

我们：你会因此坐牢吗？

查理：不，他们很可能只会判我袭击殴打罪，或许我会因此被关上30天。

我们：这听上去像是个更好的选择。

查理最有可能做出的反应是丢下刀子，上去给妹夫嘴上来一拳。

在赫曼的迟到案例中，事实是，赫曼做的是自毁性行为。这种行为对组织以及对赫曼的影响都是破坏性的。因为你是在试图消除自毁性行为，所以你必须查明这种自毁性行为产生的结果以及如果不做出改变会产生的后果。你必须在开始教练面谈以前便弄清楚这些后果。

不管会有什么样的后果，它们仅仅存在是不够的，有必要让员工感知到这个后果是由他们的不当行为引起的。让员工理解这些后果的最快捷、最有效，同时还会让你知道这种感知已经产生的办法是，让员工对你说出会有什么样的后果。运用思想传输中的提问技巧，让这些话语从他口中说出。

为了演示教练面谈流程，我们选择常见的工作拖拉问题作为示例。假设你有一名员工，分给她的项目的预定完成期从一周到两周不等。在总结出她50% 的项目都有延迟后，你跟她进行了一次教练面谈，大意如下。

你：我不知道你意识到没有，你 50% 的项目都有延迟。

她：我知道有些项目是延迟了，但手头要做的事情太多又都有截止期限，很难事事都做好，不过我会努力改善的。

你：谢谢。

接下来的两份为期一周的报告都按时上交了，但随后的两份报告又都延迟了，于是你决定进行一次反馈谈话。

你：四周前我就你迟交报告一事跟你谈过，你说过要改善。接下来的两份报告都按时交了，但后面的两份报告又延迟了。（你或许会在这里自问："我为什么没有在前两份报告按时上交的时候跟她谈谈，以便强化她的绩效呢？"）

她：我上一次告诉过你，我手头工作这么多，没办法始终按时完成你的任务。

你：（你惊讶于她“这么多”这种说辞。在你看来，她的首要工作就是你分派给她的项目。）你是说你要做太多的其他工作以至于没办法按时完成我交给你的项目吗？

她：这不是我跟你说的意思。人们过来要我帮忙，加上我也有自己的项目要花费时间完成。要做这么多事情，时间简直不够用。

你：（你刚刚得知迟交报告并不是行为上的偏差，而是她在接受了高优先级任务的同时却在干些低优先级工作所导致的结果。）你看，我觉得这里面有些误会。我意识到你在任何时候都有一大堆工作要做，而这一大堆要做的事情是有轻重缓急之分的。你是不是认为你做的某些事情比我交给你的项目有更高的优先级呢？

她：哦，是的。

你：我认为如果告诉你我交给你的那些项目应当得到优先处理会对你有帮助的；你应当先行处理我这些项目，而不是你可以选择何时去做的那些事情。

她：你的意思是说，我作为一名专业人员不能决定做那些我认为重要的事情吗？这是某种暴君风范吗？我是不是被当成没有选择权的机器人了呢？

你：（这种反馈谈话什么也达不成，因此我们要在这里中断。）多谢你抽时间过来，我会就这个问题再找你谈的。

你返回自己的办公室，运用教练分析以加深对这一问题的理解。你得出结论，她之所以在接到高优先级的任务时仍然继续处理低优先级任务的唯一原因便是她是主动选择这么行事的。你认为她没有意识到她迟交项目会如何影响组织内其他人的工作。或者她没有意识到如果不改变这种行为，会给她带来何种后果。

全面做好教练面谈的准备工作对于你工作的成功至关重要。教练面谈中最重要的部分是第一步，即让员工认可有问题存在。为帮助你成功运用思想传输，你可以使用表 10-1 所示的教练面谈计划表。这个教练面谈计划表可以帮助你查明并组织完成教练面谈第一步需要用到的具体信息。大家可以随意复制表 10-1 用于个人工作。

表 10-1　教练面谈计划表

1. 行为偏差（员工做错了什么或有哪些事情没有做对）
2. 该偏差产生的结果（谁受到伤害或给谁造成不便，增加了什么额外支出等）
3. 如果员工不改变所描述的行为，他将要承受何种后果（全部列出）
4. 期望的行为是什么（各种可行行为）

在表 10-1 第一栏中，你要描述具体的行为偏差，包括发生频率。填得简洁些，如不使用销售辅助材料、打断别人讲话、不按标准流程走、开会迟到、收集到的信息过多（或过少）、不回电话等。在我们当前的例子中则是“在有高优先级工作时仍然继续干低优先级工作”。

在第二栏中记下做错事情造成的结果：当员工在做你在第一栏描述的事情时，发生了什么事以及谁受到了伤害。在当前的例子中，你可能会记下下列事项：

1. 她没做交给她的任务。
2. 所分派工作的时间表没得到执行。

3. 项目未按时完成。
4. 项目延迟导致其他人的工作被拖延。
5. 拖延其他人的工作即是糟糕服务。
6. 导致给客户提供的服务被拖延。
7. 客户从竞争对手那里买产品。
8. 收入损失。

这些低绩效的结果仅仅存在是不够的。让员工感到这是他自己行为导致的结果是必要的。运用思想传输有助于你实现这一目的。

如上文所提及的，大多数员工在认识到自己做错事情带来的结果后会认可有问题存在。不过要做好解决真正难题的准备，你需要填第三栏中的信息，即如果员工不改变所描述的行为，他将要承受何种后果。有些管理者在这一点上遇到了困难，因为他们希望避免把后果说得如此严重。不过，试想一下，如果员工说“我会改正这个问题的”却从来不改正，或员工说“我才不在乎你说什么呢，我就要做我爱做的事情”。最终结果是一样的——绩效不佳。你能够忍受低绩效多久呢？如果员工永远也不改进，你该怎么办呢？在第三栏中按严重性轻重排序写下你的可选做法。你的清单看起来可能像下面这个单子：

1. 无趣的任务。
2. 较低的绩效评估分数。
3. 没有（或延后）加薪。
4. 失去福利（列明有哪些）。
5. 没有升迁机会。
6. 降职。

7. 开除。

有些管理者不想把开除作为一个选择列进来。这没问题，不过这意味着在你所有的教练努力都不能奏效的情况下，在该员工或者说出或者通过行动表达出叫你滚开之意时，你就必须继续忍受这一问题。幸运的是，如果你正确地运用思想传输传递了第二栏里的内容的话，则 95% 的员工会认可有问题存在。在高科技企业界里，有时候你会遇到一位把你的所有规定均一一违反的高科技专家，但你却离不开他。这时就得由你来回答那个问题："这值得我付出时间和精力吗？"

在讨论过自己做错事情带来的结果后，原来不承认有问题存在的人中的 95% 会认识到如果不改变自己的行为就得面临的后果，并承认有问题存在。

在教练面谈计划表最后一栏里写下你期望的行为是什么。显然，这应当与你在第一栏里写下的内容有关。在我们的当前案例中，你可能会写："她将按指定的工作优先级工作并按时完成项目。"

你的下一步便是实施教练面谈。下面是该如何实施教练面谈的一个案例。重要的一点是要记住这是一次讨论：这是两个人之间的谈话。你不是在训诫某人。另外一个要点是你不要自问自答。很多时候员工发现，如果老板问了一个问题而他们又没有回答，则老板就会自己回答自己的问题。不要那样做，不要自己回答自己的问题。你提出了一个问题后，要等待别人来回答。如果过了 15 分钟，该员工仍然没有回答问题，那么就问一句："你要我重复一下这个问题吗？"

你的教练面谈大体会像下面这个样子：

你：你知道我叫你来的原因吗？（始终用这个问题开场以引起员工的注意。）

她：不知道。

你：我们有问题了。

她：什么问题？

你：这跟你在拿到高优先级任务后还继续做低优先级工作这一工作方式有关。我们在上个月已经就此谈了两次了。

她：噢，又是那个问题。上次在我们谈论这件事时我就告诉过你，我有很多事情要做，而且我觉得自己作为一名专业人士应该可以决定我该按什么顺序展开工作。我毕竟不是一个孩子。但我会处理好这件事的。

你：（忽视“我会处理好这件事的”这句空洞的许诺。）你知道当我交给你高优先级工作，而你仍然做低优先级工作时会有什么事情发生吗？

她：是的，我完成了许多我觉得应该完成的工作。

你：听着，我分派给你的所有任务都是高优先级的工作项目。如果有高优先级任务交给你而你却继续做那些低优先级工作的话，那么你究竟是在做那些分派给你的工作，还是没在做分派给你的工作呢？（你这里便运用了思想传输法。你希望从她口中说出的声音是“我没有在做分派给我的工作”。要实现这一目的，向她提一个只有两个选项的问题：一个选项是你希望听到的，另一个则是其对立面。她必须从中选择一个。）

她：好吧，我没在做分派给我的工作。不过我在做许多我认为重要的事情。

你：（你得到了自己想要的答案；别理会其余的话。）正确。如果你不做分配到的该做的工作，那么你是按指定的工作日程工作，还是没有按指定的工作日程工作？（注意如何把两个选项完整地说出来。如果你说“是否按日程工作”的话，你得到的答案将是“没有”。你不希望出现这一情况。）

她：很显然，没按指定的工作日程推进。

你：正确。如果你没有按指定日程完成自己的工作，那么你的项目是很可能按时完成，还是很可能被延迟完成？（你用了“很可能”一词，因为有些时候还是能够按时完成的。）

她：我不在乎。

你：（她刚刚回答了一个你并没有问及的问题。实话实说，告诉她你没问这个问题。）我并没有问那个问题。我刚才的问题是，如果你不按指定工作日程工作的话，你的项目是很有可能按时完成，还是很有可能延迟完成？

她：有些会延迟完成。

你：回答正确。（注意你在强化正确答案。）在你延迟完成自己项目的时候，其他需要你的工作的人是能够展开自己的工作呢，还是其他人的工作被拖延了呢？

她：（沉默。）

你：你想要我重问这一问题吗？

她：被拖延了。

你：正确。你拖延了其他人的工作，这是种优质服务，还是糟糕服务？

她：我觉得他们认为这是种糟糕服务。

你：正确。你也知道，我们的工作最终会变成我们客户需要的产品。如果我们拖延了其他人的工作从而拖延了产品的交付，那么这是种优质服务还是差劲服务？

她：差劲服务。

你：正确。当我们的客户得到了差劲服务的时候，他们是不理会这种差劲服务，还是会从我们的竞争对手那里购买产品？

她：我不知道。

你：猜一下。

她：他们很可能会买竞争对手的产品。

你：正确。当我们输给了竞争对手时，我们的营收会保持不变，还是营收会下降？

她：营收会下降。

你：正确。（你刚刚成功地把做错事情的结果传达出去，因此就问那个大问题吧。）现在你同意有问题存在了吧。

她：是的。

太棒了！你刚刚完成了第一步，就有问题存在的现实情况达成共识。你不必使用第三栏里的信息。现在你已经准备好进入教练面谈流程中的第二步（见图 10-1），即共同探讨可行的解决方法。你将通过提问“我们将如何纠正这一问题”来开始这一步。

但如果这名员工并不同意有问题存在，还做出如下回答：

她：噢，我理解发生的这一切，不过我觉得自己是名出色的员工，对发生在我周围的事情有通透的了解，而且我自认为是一名在如何安排自己工作日程方面有选择自由的专业人士。

你没有就问题是否存在取得一致意见，因此，继续推进到如果她不纠正该问题的话对她有何后果这一步骤。

你：你知道如果你在接到高优先级工作时继续做低优先级工作会有什么事情发生吗？

当你问这一问题时，员工有时会说："你可以开除我。"如果你没有这种打算，那么就说："不，我不会开除你；还有什么别的事情会发生呢？"如果你把开除列为一个后果，那么便说："你说得对。我需要一个能够完成自己该做的事情的人，而我希望这个人是你；还有什么别的事情会发生吗？"如果员工说："如果你开除我的话，那就没什么别的好讲了。"你或许会回答："在我们开除你以前还会有什么事情发生在你身上吗？"

她：你可能会一直烦我。

你对这一回答的第一反应很可能是为自己辩解。不必费这个麻烦。只关注那些会推进教练面谈流程的回答。

你：去年你说过你喜欢我分派给你的项目，因为它们都是些很有创意又很有趣的项目。如果你在接到高优先级任务时仍旧继续做那些低优先级工作的话，你是还会继续得到这些有趣的项目，还是我会把它们交给其他人去做？

她：你是说你将不再给我任何有创意的项目工作吗？

你：正是如此。此外你认为你的评估成绩会出现什么情况？

她：你很可能给我一个低分数。

你：正确。如果你的评估分数不高，下一次加薪时会发生什么？

她：你是说你会因为这件事而不给我加薪吗？

你：正确。你的特别待遇之一便是参加区域客户会议。你认为你将继续参加这些会议，还是我会另派其他人去？

她：你很可能会派别人去。

你：正确。如果你不按指定的优先级工作的话，那么你是会被推荐升职，还是不会得到升职推荐？

她：你很可能不会推荐我升职。

你：正确。我们有些职位较低的员工，他们喜欢你的工作。你认为你将保住自己的工作，还是会被降职？

她：你会因为这事降我的职吗？

你：正确。不管是你还是我，都没有得到一份终身合同。如果你不按工作中规定的工作优先级工作的话，你是会在这里想待多久就待多久，还是会被开除？

她：你是说你会因为这件事开除我吗？

每次在开除这一后果出现的时候始终重复这一声明："我需要一个能完成该做的事情的人，我希望这个人是你。"

至此你可能已经得出结论，她因为这次谈话而感受到了威胁。不错，你是对的。不过在你实际威胁开除她和让她意识到这是她自己行为的后果之间还是有鲜明区别的。威胁，就其自身而言，通常并不起作用。有时受到威胁的员工会当场辞职。如果终止雇佣关系是员工不理想绩效（自毁性行为）的一种现实后果，那么就让他意识到这一后果的重要性（而且唯有这样才会公平）。只要意识到自己行为的后果，人们就可按自己的选择自由行事。你的员工只有接受自己行为带来的责任，才合乎情理。

你：正确。我需要一个能做好该工作的人，而我希望这个人是你。现在你同意我们有问题存在吗？

她：是的，我同意。

太棒了！你刚刚完成了教练面谈的第一步。

在这里，你可能会提起的一个有趣方面是，既然在一开始的谈话中该员工便表示愿意纠正这个问题，我们为什么还要费这么大气力？我可以用下面这个问题来解释："如果某人现在某事做得不妥，而且她并不觉得这是一个问题或并不觉得这很重要，那么是什么使得你认为她会开始妥当地做事呢？此外，她很可能在本次面谈之前便已对你多次说过她会改正这一问题。"

管理者常常抱怨的一个问题是，员工再三承诺会消除一个绩效问题，可是事实上他们并未做到。只有在下面的情况下才可以略过取得共识这一步，即如果你把某人叫进来面谈，其内容应大略如下。

你：你知道我为什么叫你来吗？

员工：是的，我认为你叫我来是因为我的项目拖延了。我知道这给我所服务的人制造了一个问题。我正要改正这一问题。

你：你同意这是个问题吗？

员工：是的，我同意这是个问题，我也会按照指定的优先级工作。

太棒了！你刚刚完成了第一步，就有问题存在的现实情况达成共识，现在你已经做好进入第二步的准备工作了。

你或许会想到的一个不错的问题是："如果你不能让员工就问题存在达成共识，你该怎么办？"如果你在开始教练面谈之前便做好准备工作，那么极少会出现这样的问题。不过，如果确实出现这样的问题，那么问题很可能会是由下列原因引起的：

1. 你处理的不是行为。

2. 你处理的事实在并不重要。

3. 该事情是重要的，不过你尚未查明第一项和第二项下的所有结果和后果。

4. 你试图让员工认可的是些不切实际的后果或假设的结果，都是不大可能出现的后果。

5. 你没有运用思想传输法；后果不是由员工说出而是由你说出，而员工只是点头表示同意或只是说了是或否而已。

6. 你与自己员工的过往关系证明，你常常口出威胁之言却从来不采取行动。

7. 被开除对该员工而言有积极结果。

8. 该员工患上你管理不了的心智疾病。

第二步——共同探讨可行的解决方法

教练面谈中的下一步是共同探讨可行的解决方法。在本步骤中，你将和员工一起探讨尽可能多的解决问题的必要可行方法。因为经验只不过增加了一名员工在需要行动时的备选方法的数目，这一步骤实际上是为员工浓缩了经验，迅速增加了他的备选方法数目。因为你应对的是行为，所以就有必要明确那些对影响结果所必不可少的行为上的改变；员工或许并不知道解决绩效问题所需要采取的行动。

例如，假设你正在解决的绩效问题是打字错误越来越多，那么如果你的解决方案只是减少打字错误这么简单的话，你将不会取得任何进展。有效的可行备选方法或许如下所示。

1. 放慢打字速度。
2. 不要把打字留到每天最后才完成。
3. 如果有人过来闲聊，就不要打字。
4. 在办公室里工作时戴上眼镜。
5. 每打完一页便校对一页，而不是一边打一边校对。
6. 查找出自己最常犯的错误，每次遇到这些情况时便放慢速度。

我并没有暗示要减少打字错误得用到所有这些方法，不过运用其中的一项或多项可能是必要的。

再举个例子，解决员工迟到问题的备选方法或许包括以下这些。

1. 闹钟响铃时间要定得够早。
2. 买一只闹铃会响的闹钟。
3. 买一只声音很大的闹钟。
4. 把闹钟放在离床够远的地方，这样要关掉闹钟就得从床上起来。
5. 坐一班更早的公共汽车或火车。
6. 退出总会让你迟到的拼车。
7. 工作日期间早点上床睡觉。
8. 换一个能按时到你家看护孩子的保姆。
9. 把车修好，这样早上就能开动得起来了。

极少有需要上述全部选项来解决的迟到问题，不过我希望你在发现有这么多可行方法时会感到惊讶。查明员工正在做的导致出现低绩效的事情是很重要的，不管这些是什么事情；毕竟，他正在做的事情没有奏效！因此，第二步的目的就是查明要得到合格的工作绩效，员工可以做出哪些改变。

当员工说出了“好的，老板，我会加倍努力的”这样的话语之时，许多关于绩效问题的探讨在此便结束了。而管理者则大体上以“我很高兴听到你这么说”这类话回复，认为问题就此便解决了。员工会加倍努力当然是件好事，不过问题是，员工该做出哪些改变才能让我们知道他在加倍努力了呢?

遗憾的是，我们有许多员工加倍努力了，却仍然做错了事。也就是说，他们多做了某件事情，但是他们所做的事并不会导致问题的解决。除非你明确界定什么是加倍努力，否则，你唯一可能取得的成就就是周围的人汗流满面、拳头紧握、后背挺直、牙关紧咬地走来走去而已。这当然会让他们有一种加倍努力的形象，却不会在改变结果方面有任何效果。

第二步并不是选择可行方法，而只是列出可能会有效的方法，认识到这一点是很重要的。而从这些可行方法中选出具体的方法将在第三步进行。在第二步，你可能列出了解决问题的九种可能方法，但在第三步，你可能只会从中选择两种方法。

在第二步，你和员工都在尝试找出解决方法。你应当假设员工能够提出解决问题的方法。不过如果他没办法提出解决方法，你就应当提供必要的解决方法。你可以运用思想传输来出色地完成这一任务，让这些解决方法从员工口中说出。

在第一步完成之前，你无法开始第二步。当员工说了诸如“是的，我同意那是个问题”时，你就知道第一步已经完成了。然后你就可以按下述方式开始实施第二步：

你：我很高兴你同意这一点。接下来我们该如何解决这个问题呢？（这时候是笑一笑并认可这一进展的好机会。）

她：我会处理好的。

你：这很好，不过你将怎样改变呢?

她：我会按照指定的任务优先级由高到低的次序工作。

你：很好。有什么会妨碍你按优先级次序工作吗？

她：哦，人们过来找我，要我就他们手头正在做的一些事情提供帮助，因此我就有点主次不分了。

你：你打算怎么解决这个问题呢？

她：我可以直接对他们说，他们的事必须等到我完成了高优先级工作之后才能干。

你：很好。还有什么其他事情会让你不能做这些高优先级工作吗？

她：哦，我们得到可以在空闲时间里按我们自己的想法安排工作次序的授权，因此我猜我在自己的想法上太投入，以至于忽略了其他工作。

你：说得好。你对这一问题能做些什么吗？

她：我可以正视有日程安排这一事实，我会把我自己的工作推迟到高优先级工作完成之后再做。

你：听上去很棒。还有什么原因会导致你不能做该做的高优先级工作吗？

她：没有了。

如果你判断你们已经共同充分探讨了足够多的解决问题的备选方法，你就已经完成了第二步。你现在已做好了进入第三步的准备。

第三步——就解决问题所需采取的举措达成一致

教练面谈中的下一步，是就此前探讨过的问题需要采取何种解决措施取得一致意见。如前所述，双方就可能采取的可行方法进行探讨，与要采取的备选方法本身是相互独立、互不相干的。

管理者在解决问题的过程中常常失败的一个地方便是把罗列并探讨可行方法与挑选可行方法两个步骤混为一谈。遗憾的是，这是完全互不相干的两个部分；把二者混为一谈只会使得对两个部分的探讨都不能达到最佳效果。如果你在汇聚建议的时候就争辩建议的优劣，你便是在浪费提建议的时间。如果你在提建议的时候对某些想法加以驳斥，那么你可能就在处罚提建议这种行为，因此会令提建议这一行为减少。当然，你可以在有好主意出现时对其加以认可，从而强化提建议的行为。最好的主意是在对糟糕的或微不足道的主意的反应基础上产生的。最后，如果你在提建议这一阶段便选定主意，那么你便是在抑制提建议这种行为，因为一名员工或许并不希望把某种想法付诸实施。因此该员工便会排斥这一主意，这不是因为这个主意很糟糕，而是因为他不想去实施它。当出现这种情况时，你的妥善做法是声明你在这一点（第二步）上行为的目的不在于说出事后会付诸实施的行动，而只是列出可能的可行方法。

在第三步，你们不仅会就将哪些方法付诸行动取得一致意见，还会明确何时采取这些行动。你希望查明何时采取何种行动。这里再重复一遍，实现第三步的最佳技巧便是使用思想传输。

在完成第二步后（你判明所有必要的可行方法都已得到探讨了），你就可以开始以如下方式进行第三步了。

你：你将采取什么措施来解决这一问题呢？（说完之后便保持沉默。）

她：我们刚才谈过的那方法。

你：具体是什么方法呢？

她：如果有人过来要我帮忙的话，我会把他们的事推迟到指定的高优先级工作完成之后再做，而且只有在完成高优先级工作之后我才会干自己的项目。

你：听上去这方法会奏效的。你将从什么时候开始这么做呢？

她：我必须从什么时候开始呢？

你：你什么时候回去工作呢？

她：我们一结束这次谈话就回去工作。

你刚就何时采取何种措施来实施问题解决方法取得口头承诺。结束面谈的适当话语可以是感谢该员工认同解决问题的方法，同时定下你们再次面谈的时间：

你：好极了。我很高兴我们能够就这个问题找到一个解决方法。我期待着按时收到你的报告。非常感谢你的合作。

第四步——实施跟进以确保商定的行动得到实施

管理者在各层次的所有工作中失败的第二大常见原因是缺乏跟进。这也是管理者在纠正员工低绩效时不能取得成功的最主要原因之一。一个始终令我感到惊奇的现象是，管理者会花时间来探讨一个问题，却不花时间检查一下议定的行动有否得到实施。经常出现的一个情况是，管理者被员工做出的改变的承诺所打动。该员工已经承认了自己的错误，也表达出适当的谦虚，以及体贴的关切，而且重申了对老板的忠诚；因此管理者就认为变化肯定会出现。

这听上去合情合理，因为我们面对的不是小孩子；这是两个成熟而且经验丰富的人在面对面地处理问题。我们必须假设在这个世界上仍然还存在着些许荣耀与诚信，因此我们会听信员工的承诺并认为期望（或承诺）发生的事情会出现。然而，我们一次又一次地发现，虽说员工有承诺，但三个月过后情况仍旧跟过去一样糟糕。现实就是这样，尽管员工承诺做出改变，但他们实则并未改变，而管理者却要花三个月的时间才发现这一点。

但是一个经常出现的情况是，一开始员工的确做出了改变，但因为管理者没有跟进，没有对这一改变加以认可，从而也就没有对这一改变进行强化支持。因此，员工就回复到不适当的行为当中了。三个月后，管理者看到这一幕就认为改变从来没有发生过。逻辑思维会让你明白，员工所做的不尽如人意的事情一定会让他自己感到舒服。如果员工做出改变并按照你希望的方法做事，那么你就必须让他感到舒服，否则该员工就会恢复原来的做事方法。

在员工做出改变承诺时，也有管理者当时巧妙地马上进行跟进，但此后却没有后续跟进的情况。只跟进一次要好过没有跟进，但最后通常跟没有跟进的效果相同，即员工回复到低绩效状态。

出于多种原因，很多管理者认为跟进不是管理流程的一部分。也有许多管理者试图在某个时间跟进一下，却因为他们无法就自己在干什么向员工做出解释，因而跟进便停止了。在一开始试图跟进的努力导致了与员工的冲突之后，管理者通常就决定避免在未来出现类似冲突。管理者跟进时员工的典型反应有：

“怎么回事，你不相信我吗？”

“听着，如果你觉得我没办法做好这份工作，那么你为什么不撤掉我呢；否则的话就让我去做好了。”

“听着，如果你对我能做好这份工作没信心，那么为什么一开始还要交给我呢？”

“如果工作完成的时候你不喜欢，就到那时再对我说，不过现在请让我安静地工作。”

“我希望你按我是一位专业人士这一事实来对待我，而不是一直不停地过来检查我的工作。”

管理者不知道该如何应对这类话语。尽管大多数管理培训课程都要求管理者必须跟进，但这一话题却从来没有在细节上得到充分探讨以向管理者解释为什么跟进以及如何跟进，或甚至连什么是跟进都没有解释过。因此，我们将在这里尝试排除这方面的混淆。

第一个要点是弄明白什么是跟进。跟进是这样一种流程，即查明一名员工是否在做他该做的事情。该流程的重要前提是，你及员工都明白什么是该做的事情，这包括何时做多少该做的事情，以及正确的工作在适当的时间完成后该是什么样子。为了让你相信这不是故弄玄虚，让我们联系一个绩效问题解释一下。例如，假设你试图通过教练流程解决的绩效偏差问题是由员工离岗次数过多所致的，而你也就减少离岗次数一事取得了员工的同意。当然，你的下一步就是在明天跟进查明他是否按商定的行为做了。你将在明天观察一下，以确定他是否在自己的岗位上。不过假设我和你进行了下列谈话。

我：你将如何知道这个问题是否得到纠正呢？

你：他将不会再离岗。

我：你的意思是他将永远也不会离开他的工作岗位吗？

你：哦，他得偶尔离岗去喝杯咖啡休息一下，或去下洗手间。毕竟，在有些时间里他是可以离开岗位的。

我：有道理。那么他可以离岗不超过多少次，你就可以断定问题有了改善呢？

你：我还没想到一个具体的数字，不过只要比以前好就行了。

我：听上去合乎逻辑。那么他以前每天平均离岗几次呢？

你：哦，我没有个准确数字，不过会比所有其他人都多。

我：哦，那么所有其他人的平均数字是多少呢？

你：我认为是每天三四次。

我：这是基于你的观察得出的准确数字，还是你觉得应该是这样的呢？

你：嗯，我不可能站在那儿一整天观察大家。我只是觉得很可能就是这么回事，上午一次咖啡休息时间和下午一次咖啡休息时间，再加上一两次不在计划内的去洗手间的时间。

我：行，那么问题员工每天离岗次数比这三四次多多少次呢？

你：我不知道确切数字，但看上去似乎我每次经过他的岗位时他都不在岗。

我：你有关于你多少次经过他的岗位和多少次他不在岗的记录吗？

你：我当然没有。我有许多重要事情要处理，哪有时间坐在那里记录那种事情呢。

我：不过如果你不知道他多少次不在岗，你怎么能知道他是不是有所改善呢？

你：是这样的，每次我经过他的岗位时他都必须在岗。

我：可是你刚才说过在正常情况下他每天可以有三四次不在岗的时间。

你：哦，我的意思是除了这三四次正常不在岗时间以外的时间。

我：听上去很有道理。这名员工知道自己可以离开岗位多少次吗？

你：是这样的，我们没有具体谈论过这个情况。

我：这又让我们回到了这个基本问题。如果你或该员工都不知道具体可允许的离岗次数，以及什么时候可以离岗，你们两人谁会知道员工何时按要求做了呢?

你：你的意思是说我必须做得那么具体吗?

我：不，你只是得具体些。如果你不知道适当的离岗次数或哪些时间离岗是合适的，你又如何判断员工是否按要求做了呢?

你：你是说我应该定出上午可以离岗不超过两次，下午也不超过两次，其中两次可以是不超过 15 分钟的咖啡时间，另外两次可以是不在计划中的不超过 10 分钟的去洗手间的时间吗?

我：听上去很棒的样子。现在你和该员工都知道合格的绩效应该是什么样子的了。

尽管你可能觉得这次谈话很奇怪，但实际上这一幕在我跟管理者探讨绩效问题时已重复过无数次了。管理者在叫员工“好好表现”、“动手去做吧”或“赚出你的薪水”时是很容易的，却没有界定出改善后的绩效该是什么样子，导致不管是管理者还是员工都没办法在绩效改善出现时把它识别出来。

如果你真正进展到教练面谈流程的第四步，那么看起来与你此前谈话中拥有的事实相比，这时你将拥有更多事实。例如，为了查明因为离岗次数过多导致的绩效偏差，你将不得不应用在第 9 章里描述过的工作抽样方法。你将记录下该员工相对于其他员工的离岗次数。你将了解到其他员工每天平均离岗两次，而这名问题员工离岗四次。如果没有这一信息，你将无法让该员工承认有问题存在。

许多知道什么是跟进的管理者却并不知道进行这种跟进工作的原因所在。换言之，他们把跟进工作的原因与跟进工作的定义看作一回事了。这就像说，我希望知道人们是否做了分内工作的原因就是我想要知道人们是否做了分内的工作。进行跟进工作的两个原因如下。

1. 如果大家正在做分内之事，那么跟进的目的就是通过以下两种方式来维持绩效：

a. 提供反馈

b. 强化优秀绩效（口头表彰就是最好方法）

2. 如果大家没有做分内之事，则跟进的目的就是通过提问“我该怎么做才能帮助你呢”这个问题来改善绩效：

a. 提供反馈

b. 查明绩效不佳的原因

c. 消除障碍

d. 告诉他们工作中的轻重缓急

e. 消除优秀绩效中的消极结果

f. 消除低绩效中的积极结果

g. 规避个人问题

h. 向他们传授你认为他们知道但事实上他们不知道的事

i. 对低绩效施加消极结果

大家可以看到，实施跟进的目的不是记录分数，而是改变分数。跟进是工作开始后你的管理传送系统。这是你在竞赛中为了让所有员工都取得并列第一的成绩所做的事情。如果你不跟进，你就只能因结果而喜或因结果而悲。

在本步骤中，如果你在跟进中观察到一名问题员工的绩效有了部分改善，你就必须强化那改善的部分，说一些类似于“我看到你已做出努力纠正这一问题。我很感谢你的付出。如果你继续这一势头，很快你就会实现我们的目标的。非常感谢”之类的话语。这些出自你口中认可该员工成就的话语会对那一具体活动出现的频率起到强化作用。这跟你自言自语“嗯，我发现这个家伙至少做对了一次”这种做法的效果有着天壤之别。

实施跟进的第二个原因通常被管理者所忽视。如果他们与员工就改正一个问题进行了一次谈话，而他们的跟进观察没有发现有任何改善，他们的典型反应就是：“那个浑蛋仍然把事情搞砸了。”

还记得早前我们得出的一个显而易见的结论吗？你作为一位管理者存在的唯一理由，就是要尽自己权力范围内的一切可能帮助自己的员工取得你期望他们达到的成功程度。因此，如果你的员工一直没有取得成功，你就需要提供更多的帮助。员工没有取得成功可能是由于原来选定的方法行不通，所以你的帮助可能会以提供更多备选方法的形式出现，或者可能是你运用你在组织里的影响力消除障碍，或者可能只是进一步澄清你何时期望完成何事以及完成后的工作应该是什么样子。

因此，当员工因为你的跟进工作而指责你把他们当小孩子对待时，你只需向他们解释什么是跟进工作，同时还要告诉他们你别无选择；这是你工作内容的一部分。如果你不跟进，那么作为一位管理者，你就是做出了自毁性行为。

跟进流程中的一个关键方面是其时效性。如果你在扮演业余心理学家的角色，而且在应对员工态度方面的变化，你就有必要在一个较长的时期内观察许多行为，以便为自己的态度猜测活动确立一个基础。同理，如果你处理的是销售业绩以及成本方面的数字，那么在月度或季度结束，相关运算结果出炉前，你很难有办法实施跟进。这两种做法都会导致跟进无效，因为二者均不够及时，而且不应对具体行为。

因为教练面谈流程会把你的纠错努力导向具体行为，因此你不必为了一个在正常工作环境中观察该行为的机会而等待太长时间。例如，在面对处理工作的轻重缓急方面的问题时，你不希望等很久才能观察项目是否会按时完成。你希望每天跟进以便检查员工是否在践行自己的诺言、是否在纠正自己的绩效。你对必须做出的改变界定得越具体，你就可以越容易判定改变是否已经出现。

接着我们上面的例子，你第二天的跟进可能就像下面这样。

你：嘿。我在想昨天我们谈话后，事情进行得怎么样了。

她：一切都好。我感到去实施我自己火热想法的冲动，但我一直对自己说越早把高优先级工作做完，就可以越快去做自己的工作了。

你：听上去不错。那么你怎么处理来自其他人的求助要求呢?

她：今天还没有人来找我求助，不过我已准备好按我们商量好的方法应对他们了。

你：听起来你已经掌控局面了。我期望你按时结束项目。多谢你的合作。

事情并没有就此结束；你的跟进工作一定得设定为每周或每月检查这种行为，直到你得出结论，认为这种行为已经成为该员工惯常行为的一部分为止。

在我向管理者传授如何在教练面谈时运用思想传输的过程中，他们表达了自己的忧虑，说他们没办法记住正确提问每个问题的微妙之处，还怕自己会把事情搞砸了。我告诉他们，惯常做法是把全部思想传输问题像脚本一样写下来，先对着一位朋友练习，然后再对着问题员工读（但要等到该员工回答完你提出的问题才读下一个）。不过，他们会说“那听上去太正式”或“那样做我会觉得自己很滑稽的”或“员工不会觉得这很怪异吗”？不过当他们不得不在现实世界中实践时，他们就先写下来然后再读出来，事后告诉我效果不错；面谈进展顺利，而且员工也没有对他们这种照着问题读的做法有什么说法。如果你这么做了而员工又问你为什么要照着提示读，你可以说："因为这对我们两人来说都是一次重要谈话，我不希望有什么遗漏。"

第五步——强化取得的任何成就

教练面谈流程中的最后步骤在维系绩效改善方面具有最大的潜力，这一步就是强化取得的任何成就。从你口中说出的对员工行为的表扬是对其成就的一种强化，这是你纠正绩效问题并维持这种改善行为的一个关键部分。你对绩效改善进行强化的这种影响在教练面谈流程中具有至关重要的作用，因此它被作为一个单独的步骤来实施。

你进行认可的及时性对绩效的持续改善极其重要。在取得实际绩效成就之后，强化进行得越早，则影响就越显著。而在实际绩效出现与对绩效进行强化之间的时间间隔越长，则其影响就越微弱。例如，你对工作优先级问题的跟进在于检查员工每天的活动，而不是口头强化她取得的微小改进，除非她按时提交报告，那么在当周结束时，你就不大可能得到持续的改变。你没有做出任何支持这种日常行动的事情。

如果某人今天纠正了某种行为，则今天当面感谢他要比一周后发电子邮件给他表达你的感谢效果更佳。如果某个在另一个城市为你工作的人按时把报告提交上来从而纠正了自己的绩效问题，那么在收到报告的时候给那个人打电话，比数周后在下次见面的时候当面致谢要更有效。如果有人今天纠正了一个绩效问题，那么在本周表达谢意，要比八个月后给他加薪同时告诉他你欣赏他的绩效更有效。如果某人必须在今天改善绩效，这种绩效改善能够改变下个月的计算机打印输出情况，那么今天就给他打电话查明他是否有了改善，如果他有了改善，就要在电话上认可他的这种成就。假如预计某人该在今天上午 10 点改变其行为，如果他做到了，那么你在上午 10:15 时就强化这一改变，就要比到下午 5:00 或明天再进行强化要有效得多。在强化成就的时候，你应当遵守的准则是如有疑问，即刻行动。

遗憾的是，大多数致力于纠正绩效的管理者通常都期望绩效能够从失败一下子飞跃到完美。一名过去失败 15% 的员工取得了 5% 的改善，但在管理者眼中仍然还失败了 10%；显然因为该员工仍然还失败，所以就没有什么要强化的。不过行为强化理论告诉我们，对人们的小成就加以强化会带来更多的小成就。这意味着在商业中如果有人原先失败了 15%，后来改善了 5% 的绩效，如果你强化该 5% 的改善，则你有较大机会得到另外 10% 绩效的改善。如果事实如此，那么管理者为什么要忽视该 5% 的改善呢？那将是一种自毁性行为。

如果有员工每周五天上班中有三次迟到，而经过反馈或教练面谈流程后，该员工每周只迟到一次了，那将是 60% 的改进。这并不意味着整个问题得到了解决，但这的确意味着你应当强化这种改进。通过这种做法，你便应用了最适当的整体绩效改进方法。

在只出现了一次迟到现象（而不是三次）的一周结束之时，你可以采用的适当强化性话语或许可以像下面这样："你已经改善了自己的绩效。你本周几乎每天都按时来工作了，五天中有四天按时上班；这是一种 60% 的改进。如果你把这种态势持续下去，那么很快你便会达到我们计划中的出勤标准了。多谢。"你的表扬性话语会起到增加按时出勤行为的效果。

行为管理研究已证实，积极强化措施只有在不连续实施的情况下才最有效；也就是说，在不是每次绩效完成的时候都出现的情况下最有效。事实上，研究已揭示，如果强化措施持续出现，则被强化的行为会在这种持续性强化措施撤除后停止。一旦某人的行为已由上班迟到转变为按时上班，你的赏识就不再具有强化效果了。如果你因为某员工按时上班而常常感谢这名一贯按时上班的员工，你可能的反应是："你为什么要这么做？我一直都是按时上班的。"当期望的行为变化已成为该员工的惯常行为，而且达到期望出现频率，你的强化就应当停止。

最有效的强化方式是间歇式强化。例如，在处理工作优先级的问题中，为了强化日常行为，你可能会一周三次地检查数周，然后转变为一周一次地检查三周，再然后转变为对按时上交报告这种行为的强化。在处理其他诸如按时上班这类问题时，你可能每天一次地检查两周，一周一次地检查四周，然后一月一次地检查两个月，再然后就是一年检查两次。

或有赏识

另外一种形式的赏识行为是，当员工行为有改善时，管理者在自己影响所及的范围内安排给员工的积极结果。例如，在教练面谈流程的第三步中，当你就应该采取某种行动来解决这一问题取得员工的认同时，你可能会告诉员工，如果他可以在接下来的 60 天里完成某件事，你就会安排某些重要项目给他。这将在员工行为发生适当的改变与他会得到一种特定强化之间建立一种或有关系。其中重要的一点是，你承诺给员工的积极结果应该在事实上是对员工的一种积极结果。你认为是积极结果的事情或许对员工而言只是更多工作而已。另外，如果已对员工承诺了一项或有赏识，你最好到时真正予以兑现。

或有赏识对于管理者来说并不是一个新鲜概念。遗憾的是，这种概念却常常被管理者用作一种欺骗的手段。例如，管理者在把一些棘手工作交给员工的时候会提及，如果员工把这件棘手工作做好，那么一年后会给他加薪。如果管理者在两个月后又把另一件棘手工作交给这同一名员工，同时又承诺如果做得好则会有加薪，这本身并没有什么过错。不过问题是，这位管理者每次把棘手工作交给员工时是在不断累加预期中的加薪额度，还是只是把同一次加薪重复承诺了多次？

如果管理者意识到自己把同一个奖励在多件工作中承诺出去是在侮辱自己员工智力的话，那么他们的管理工作可能就会出色得多。更重要的是，还有其他一些在管理权力范围内的，与花钱无关却更有效的强化措施，因为这类强化措施可以即时实施。下面是一些不必像加薪一样要花大价钱的或有赏识。

“如果你按时完成这个困难项目，我会把部门里的下一个轻松项目交给你。”

“等到你的差错率为零的那天，你就可以提前半小时回家。”

“如果你可以在半年内把成本控制在预算内，我就会带你去参加这次大会。”

“如果你完成自己的所有计划，我就会把我们下一次得到的一个新主管职位给你。”

“如果你不再跟那个部门争辩，我就会给你一个靠窗的工作间。”

这些只是用于引发你思考的一些例子。你可以在短时间内轻松列出一个两倍于本清单长度的单子。

如果你知道自己权力范围内的某个结果对于自己的员工来说是一种积极结果，那么就可以考虑在第三步中将其用作对员工的一种积极强化因素，具体情况视员工是否改变了自己的行为而定。但要确保你跟员工都就绩效改善时如何以及何时对员工进行赏识达成一致。否则你这种或有赏识会引发争辩与冲突，而不能成为对理想行为的一种强化。

尽管对成就进行赏识是跟进流程中的一部分，但因为其极端重要性，所以赏识已被作为教练流程中的一个单独步骤实施。如果你不对从低绩效到令人满意绩效的这种改变进行强化，你就无法维持这种改变；最终结果是你将浪费自己的时间。让一个人做出改变只是你改善绩效的干预行为中的一半；把这种改变维持下去则是另一半。只有在改变得以持续下去时，你才完成了教练面谈流程。

第11章 要是不奏效该怎么办

在这一点上，你或许会问的一个逻辑问题是："如果你就工作的优先级问题对某些员工施行了教练面谈而他们也同意做出改变，但第二天你发现预想中的改变没有出现，这时你该怎么办？"

你得进行新一轮的教练面谈，不过在这次面谈中工作的优先级问题不再是要谈的问题了，这次要解决的问题是员工没有做好他承诺采取的行动。这种谈话或许有点像下面的样子。

你：你知道我为什么叫你来吗？

她：是的，我没有按工作的优先级次序做。我不会再这么做了。

你：这不是我叫你来的原因。

她：那你为什么要叫我来呢？

你：我们有一个问题。

她：什么问题？

你：我问你一个问题。我们昨天是不是谈过一次话？

她：是的。

你：那次谈话是关于什么的呢？

她：是关于我没有按你定出的工作优先级次序来做。

你：你认为那是个问题吗？

她：是的，而且我也说过要改变的。

你：你当时说过要怎么做？

她：我说我会按工作的优先级次序去做。

你：那么你做到了吗？

她：没有。

你：这便是问题所在了。你没有按自己承诺的去做。

她：我知道。我将从明天开始改正。

你：我要问你个问题。如果你不做自己承诺的事情，那么我们这种雇佣关系还有什么依据呢？

她：我知道自己做出过承诺，不过我分心了。明天我会做好的。

你：请回答我的问题。如果你不做你承诺做的事情，那么我们还有什么雇佣依据呢？

她：你是说如果我不向你实话实说，我们就不能再共事了吗？

你：是这样的。

她：哦，我猜那就没有维持这种关系的基础了。

你：回答完全正确。如果没有维持这种雇佣关系的基础的话，会有什么事情发生在你身上呢？

她：噢，我猜你会开除我。

你：是这样的！这种事情当然会发生。现在你还不认为有问题存在吗？

她：是的，我认同你说的这是一个问题的说法，而且我告诉过你明天我就会做好的。

你：不错，很高兴看到你认同这是一个问题。那么我们将如何解决这个问题呢？

她：我会做好自己答应做的事。

你：那是什么事呢？

她：我会按照工作的优先级次序去做。

你：什么时候开始？

她：明天。

你：很高兴你同意解决这个问题。明天见，非常感谢。（会话结束。）

现在你会问："不过如果她明天还做不到的话，我该怎么办？"到时你应当再次展开同样的教练面谈，不过当她承诺会在第二天按工作的优先级次序来做的时候，你再多问一个如下面所列出的问题。

你：我问你个问题。如果明天你不做答应要做的事情的话，会有什么事情发生在你身上呢？

她：我猜你会再找我谈。

你：不，我们不会再谈了。还会有什么其他事情发生呢？

她：我不知道。

你：猜。

她：你是说会开除我吗？

你：你已经同意了如果你不做说好要做的事情，我们就没有了维持这种雇佣关系的依据。因此如果明天你第三次没有做自己答应做的事情，我们还怎么能继续维持这种雇佣关系呢？

她：你是说如果我明天不按工作的优先级次序做，我就会被开除？

你：正是这样。我会准备开除你的书面文件。

她：你的意思是说，尽管我为你做了这么多事情，但只是因为我没按照你规定的工作优先级次序去做，就要丢掉工作吗？

你：不，你丢掉工作是因为你连续三次答应解决一个问题，却连续三次没做好自己答应去做的事情。我想既然你也知道已经不存在维持这种雇佣关系的基础了，那么你也不会在乎这种雇佣关系是否被终止了。我也别无选择。

她：是这样的啊，我想你是对的。你也没有什么其他选择了。

你：完全正确。那么你将如何解决这个问题呢？

她：哦，我将按你说的工作的优先级次序去做。

你：很高兴你同意解决这个问题。

在现实生活中，如果一个人三次承诺而又接连三次爽约，那在我看来第四次她也不会守诺。因此，你就得开除这名员工。你或许会得出结论，教练面谈流程的目的在于改进低绩效而非开除员工，因此是教练面谈流程失效了。我当然同意你这种看法。但你不应当假设一旦应用了教练面谈流程，便再也不必开除什么人了。不过你倒可以假设在正确运用了教练技巧之后，你开除的人会少些。这不是因为你必须学会容忍低绩效，而是因为你会迅速纠正绩效问题。

在前面所说的情况中，在连续四天未能纠正问题员工的低绩效问题之后，你便可以开除该员工了。这跟我眼下所见到的发生在企业界的情况形成了鲜明对比。现在在企业中，可能在低绩效状况持续了八个月之后员工才被开除。虽说这种做法持续的时间可能更长些，但其中花在解决问题上的精力要比这为时四天的教练面谈流程少得多。在两种情况下，员工都被开除了，但在其中一种情况下，是过了八个月才发现这一问题是没办法加以纠正的。

如本书前文所述，在雇用某人的时候，你买入的不是那人的身体或头脑，你只是租赁了那个人的行为。当你租赁的行为没有兑现时，便失去了维持这种工作关系的基础。因为你面对的是行为而不是内化的态度及动机，因此你和你的员工都无法逃避这种纠正性努力。因为你面对的是行为，那么最可能出现的结果就是该行为在第二天出现。如果该行为没有出现，那么显然该员工没有做好自己答应做的事情。如果你手中的工会合同禁止你在没有发出书面警告的情况下解雇员工，那么你就已经在三天里发出三次警告了。最终你会解雇一些人，而另外一些人则会自己辞职，但你对自己已经采取了一切可能的措施解决问题有了更强的自信心。不过还是会出现这样的情况，即因为你没有做好教练面谈流程，所以便没有得到任何行为上的改变。

假设你跟一名名叫赫曼的员工有过一次教练面谈，他每周都有几天上班迟到。他认同有问题存在，而且同意要“按时上班”，不过第二天他又迟到了。当他终于姗姗来迟时，他说：“我的天，老板，我是想按时上班，只是我的闹钟失灵了。”

感到意外吧！你没有得到绩效改善的原因在于在教练面谈流程的第二步里你没有真正找对员工该做出哪些改变才能按时上班。你没有找出导致上班迟到的其他因素，即闹钟失灵。当第一步结束，员工认同问题存在时，这次谈话应该像下面这个样子。

你：我很高兴你认同有问题存在。不过我们该怎么解决呢？（开始第二步）

赫曼：哦，我要更努力地争取按时上班。

你：你要更加努力地尝试这一点很棒。不过告诉我你打算做出哪些改变来取得这种结果呢？

赫曼：噢，老天，我已经尽全力了。

你：那么你为什么会迟到？

赫曼：哦，有时候我的闹钟会不响。

你：我明白了。你该怎么解决这个问题呢？（当然，你知道该怎么做，不过你得让这些话从他的嘴巴里说出来。）

赫曼：哦，我猜我可以买一只新闹钟。

你：好主意。还有什么地方出错吗？

赫曼：哦，跟我拼车的那个人有好多次没有到。

你：你能对此做些什么吗？

赫曼：嗯，我猜我可以另找个人拼车啦。

你：好主意。还有什么其他原因使得你无法按时上班吗？

赫曼：我多次在不是周末的时候去参加晚会，而且因为玩得太开心，所以就玩得太晚了，于是早上就很不想起床。

你：你能对此做些什么吗？

赫曼：哦，我猜我可以在不是周末的时候少去参加些晚会或早些回家。

你：好主意。你还可以想到什么其他原因吗？

赫曼：我想不出什么其他原因了。

如果你也想不出任何其他备选方法了，你就完成了第二步，并且该开始第三步了。

你：听上去都是些不错的方法。那么你会采用哪些方法呢？

赫曼：哦，我要买一只新闹钟。

你：好主意。什么时候买呢？

赫曼：马上。

你：那是什么时候？

赫曼：吃午餐的时候。

你：好主意。你还有什么其他要做的吗？

赫曼：哦，正如我所说的，我不会再去那么多晚会，而且要早些回家。

你：听上去很有效。你认为你需要早多少时间回家呢？

赫曼：哦，我还没想过这一点呢。

你：没问题，我可以等你想出来。

赫曼：噢，我猜我应该在凌晨一点之前到家。如果再晚到家的话我早上就不想起床了。

你：在凌晨一点前到家，听上去是个好主意。你还有什么其他事情要做吗？

赫曼：哦，我会换一个拼车的伙伴。

你：你什么时候换？

赫曼：这可能要费点时间。我会四处打听一下，不过我实在不懂具体该怎么去做。

你：人事部的人或许会知道有谁住在你的居住区？

赫曼：是的，给他们打电话问问是个好主意。

你：是的，我认为这会有用。要拼车的人会偶尔打个广告吗？

赫曼：是的，他们会在公司简讯栏里贴一张小纸条。我也可以去简讯栏那里找找看。

你：听上去是个好主意。你还有什么其他事情可以做吗？

赫曼：哦，有时候我在公告栏里看到人们寻求拼车的消息。我猜我也可以去公告栏里贴个拼车广告。

你：好主意。

你的备选方法应当能够在可能的情况下抵消产生低绩效的原因。

当你在一开始的跟进过程中发现了一个可以通过采取一种备选方法加以抵消的低绩效原因时，可以重新开始你教练面谈流程的第二步。但在这同一个教练面谈流程中，你还应当尝试查明还有没有其他阻碍准时上班的因素。你应当在当时就查明，而不是等到两天后才发现拼车或晚会这些额外原因导致偶尔出现的迟到现象。

在你查明该由谁在何时去做什么才能解决这个问题之后，你就做好了进入第四步的准备。如果该员工说他要在午餐时间买只新闹钟，那么你的跟进工作就是在午餐过后检查他是否真的买来了一只闹钟。如果他买了，你就可以对他的行为进行表扬。你同样应该对他给人事部打电话、在简讯栏寻找广告、在公告栏里发布消息的行为进行跟进。你的其余跟进工作要跟他是否按时上班相关。

我们可以一直把这种假设情况追问下去，不过这仍然无法把你可能遇到的所有可能性都穷尽。重要的是，这种教练系统允许你在面对每个具体情况时做出相应改变。在解决诸如按时上班这样的简单问题时，你没必要解决一个人一生中遇到的所有具有重大影响的细节问题。如果你让该员工同意有问题存在，还表扬了他表现出的任何按时上班的行为，那么非常可能出现的一个结果就是，在不用你跟他探讨的情况下，他就会买来一只新闹钟、解决拼车问题以及去晚会的时候早一点回家。我们之所以如此深入地探讨这一问题，是因为为你提供一些在你面临这类假设问题时可以运用的备选方法。

行为拖沓似乎是管理者难以解决的一个最常见的问题。而在实行弹性工作制的情况下，管理者更难以搞清楚究竟是否存在迟到问题。过分缺勤也是一个常见问题。如果你把赫曼的迟到问题换成缺勤问题，那么解决方法也将与此类似，尽管还会有其他影响因素的干预。例如，一家公司规定员工可以在一年内享有 12 天带薪病假。这一政策并不允许员工累积病假。如果到了年末这 12 天病假没有用完，员工就会失去这些病假。如果你用教练面谈流程分析这一问题，你就可以明确发现，每月缺勤一天的积极结果之一就是获得一天带薪休假（低绩效受奖励）。反之，每天都去工作的消极结果之一就是失去你本该享有的带薪休假（取得绩效反倒受惩罚）。这样一来，结果便是该公司里大多数员工每年都会缺勤 10 ~ 12 个工作日。人们利用休病假的日子去干一些除生病外的许多事情是普遍常识。在有些部门，人们常常打电话回去说："我要休一天病假。"一些调查称，员工无病休病假的平均天数在不断增加。员工声称自己工作太辛苦，所以需要时不时地休息一天。

管理者试图把员工缺勤天数控制在每年 12 天以内，但当他们向在年末前已缺勤了七八天的员工施压时，员工声称管理者的这种做法与公司政策相抵触，而且他们没有权力在每个部门设立不同的政策。管理者向我诉说苦无良策。员工只是占了公司政策的便宜；如果他们不占这种便宜，那才是种荒谬绝伦的事呢。

你当然可以采用本教练面谈流程来让员工认可有问题存在，不过在超出公司规定的 12 天病假天数前，你却不能运用开除这种备用方法。

那家公司的一位管理者问我，她在与在一年里已缺勤 9 天或 10 天的某名员工进行教练面谈时能拿来用的最严重后果是什么。这位管理者打算纠正这一问题，因为她认为这名员工在未来某个时间将得到晋升。我问她，公司里管理者的平均缺勤天数是多少。她回答每年 3 ~ 5 天。我建议她去找这位下属谈的时候，可以大体遵照下面的样子进行。

管理者：你知道员工的平均缺勤天数吗？

员工：很可能是一年 12 天吧。

管理者：没错。那你知道管理者的平均缺勤天数吗？

员工：我不知道。

管理者：那你猜有多少天？

员工：比员工少许多天。

管理者：正是如此。这个数字是每年不超过 5 天。现在你对未来晋升感兴趣吗？

员工：当然。

管理者：那你认为上层管理者在决定升迁某人的时候考察的是什么呢？

员工：工作绩效。

管理者：是的。还有什么呢？

员工：可靠性。

管理者：没错。那么你知道我们怎么衡量可靠性吗？

员工：不知道。不过既然你提到了，我猜这跟缺勤有关系。

管理者：是的，而且关系相当大。我问个问题。假设我手里有一个升迁职位，而我在考察两名员工。在所有其他条件均等的情况下，有一个每年都会缺勤 12 天，而另外一个缺勤只有，例如，一年 5 天。你认为我会选择哪一位呢？

员工：你很可能选择那名一年只缺勤 5 天的员工。

管理者：完全正确。那么现在你认同缺勤 9～10 天是个问题吗？

员工：是的。

解决该公司缺勤问题的最切合实际的方法是改变该政策带来的结果。例如，如果公司政策允许员工可以无限期累积病假天数而不是每年用不完就损失掉，则其对员工个体的后果便会发生改变。员工每天都去上班具有增加病假储备天数的积极结果，这些储备可在未来患重大疾病时派上用场。而在并不真正需要病假的时候，每年都用掉 12 天病假的结果是浪费了未来能够用于潜在疾病出现时的可用带薪假期，这是一项消极结果。如果公司政策有了改变，则应常常向员工提交定期反馈报告，告知他们当前病假储备库里还有多少可用天数。这一问题指明了教练分析在查明具体是哪些关键因素在鼓励低绩效方面的重要性。

第12章 教练案例

我们再完整考察一次教练流程，这次排除掉了所有干扰因素。在基于事实整理出来的本案例中，你是一位销售经理。你的公司新近推出一种取代以前产品的新产品。尽管新产品已可以进行销售，但你手头仍然持有相当数量的旧产品库存。大约在一个月前，你把手下的所有销售员都召集起来开会，会上你要求他们帮忙清理掉旧产品库存，即要他们在推销新产品前先销售旧产品。在你的要求下，他们都同意在接下来的 90 天里销售某个具体数量的旧产品。30 天以后，销售数据显示，除了你的明星销售员杰克，其他人都在销售旧产品。他当月的销售业绩很高，不过他销售的都是新产品。

当时你把他叫进来（首次中性反馈），告诉他你已注意到他没有推销旧产品，而且问他这样做的原因何在。杰克对你说，不向客户推销即将被新产品取代的旧产品是自己对客户应尽的道义。他有责任在与自己的客户打交道时保持一贯的诚信。既然他的客户从他那里买过大量产品，他认为，从长远看，在 60 天或 90 天里就会宣布推出新产品的情况下，如果再向他们推销旧产品就会损害他未来的销售前景。他表示公司应该壮士断腕，报废这些旧产品。

你告诉他公司政策就是先销售旧产品，而他的责任就是把他自己该销售的那部分旧产品销售完，然后才能销售新产品。你解释如果他不出力销售旧产品，本销售区域就会面临有价值50万美元的旧产品压在手中的局面。你还告诉他，某些客户或许会在买了旧产品后得知有新产品出来而感到不高兴，不过这是在这种高科技领域里每家公司都要面临的问题。他在面谈结束离开时说："在可能的情况下我会推销，不过我实在不想因为推销一些我们公司本该报废的旧产品而搞砸跟客户的关系。"

现在已经过了30天，而销售数据显示杰克仍然没有推销旧产品。你刚读完本书，而且希望运用教练流程来解决自己面临的问题。这个问题的症结在于杰克没有在自己的销售区域推销旧产品。之所以会出现这种情况，是因为杰克在进行销售拜访的时候没有向客户展示这种旧产品。

我们首先对绩效偏差进行一番教练分析，以判明到底是什么原因导致出现这种不尽如人意的绩效。

问：存在什么绩效偏差？

答：杰克在进行销售拜访的时候没有向客户展示旧产品。

问：这件事值得你付出时间及精力吗？

答：是的。

问：杰克知道自己的绩效不佳吗？

答：是的，我在30天前就告诉他了。

问：杰克知道自己应该在何时做什么事情吗？

答：是的，我早在60天前召集的全体销售员会议上就告诉过他，30天前我也跟他谈过这个问题。

问：杰克知道该怎么做吗？

答：是的，在新产品推出前杰克在该产品上的销售业绩是所有人中最优秀的。

问：他知道为什么要推销旧产品吗？

答：是的，我已经告诉他我们必须清空旧库存。

问：有什么超出杰克控制的因素吗？

答：没有。

问：他是否认为我的方法行不通？

答：不是。

问：他是否认为他自己的方法更可行？

答：也不是。如果他不推销旧产品，我们就没办法清空库存了。

问：他知道做这些事的优先性吗？

答：是的。他知道新产品的交付日期。

问：销售旧产品对他有积极结果吗？

答：是的，他会拿到佣金。

问：销售旧产品对杰克有消极结果吗？

答：没有。

问：杰克逾期销售旧产品会有消极结果吗？

答：是的，不过我告诉过他，他所担心的这个后果是每家公司在推出新产品时都要面临的。

问：杰克不销售旧产品有什么积极结果吗？

答：没有。

问：当他不销售旧产品时，他有承受什么消极结果吗？

答：到目前为止还没有。

问：有什么私人问题影响杰克的绩效吗？

答：没有。

问：如果他决定销售旧产品，他能销售得出去吗？

答：是的。

看来你得运用教练面谈重新引导杰克的行为了。在开始进行教练面谈流程之前，运用教练面谈计划表所载的流程，查明杰克做错事情的结果以及他如果不停止这种错误行为会带来的后果。具体如下。

杰克不销售旧产品的结果有哪些？

1. 旧产品库存清理过程缓慢，而本区域也无法在截止期限前完成清库任务。

2. 其他销售人员抱怨为什么他们得推销旧产品而杰克就不必这么做。他们也想推销新产品，他们认为这不公平。

3. 因为你的旧产品清库工作进行得不够快而导致你的老板对你不满。

4. 如果你不能在 90 天内清空旧产品，那么在全国范围内的新产品广告攻势面前旧产品几乎不可能再销售得出去。

杰克不销售旧产品会面临哪些后果？

1. 你会开除他吗？

答：不会。

2. 你会对他进行降职处理吗？

答：不会。

3. 你会把他调到差一些的区域吗？

答：不会。

4. 加薪时能给他少加一些吗？

答：不能。他的优秀销售业绩规定了他的加薪幅度。

5. 他是否对未来升迁感兴趣呢？

答：是的，非常感兴趣。他希望有朝一日成为一位全国性销售经理。

分析得很棒。他不推销他应该推销的产品的一大后果便是表现出一种不可靠性。而一位管理者的部分职责便是不管自己喜不喜欢，都要做一些必须做的事情。

现在我们已经做好了跟杰克展开教练面谈的准备工作。因此你安排了一次对杰克实施教练面谈的会面，杰克刚走进来。第一步——就有问题存在的现实情况达成共识。

你：你知道我为什么叫你过来吗？

杰克：不知道。

你：我们有问题了。

杰克：什么问题？

你：这跟你的工作绩效有关。

杰克：我的工作绩效怎么啦？我是本区域销售额最高的销售员，而且我的业绩在全国范围内排第三位。

你：问题在于你没有做你该做的事情。

杰克：我猜你是在说旧产品的事。

你：正是如此。这便是问题所在。（然后保持沉默）

杰克：是的，我知道你以前跟我讲过这件事，而且我打算去推销这些产品，可我实在搞不明白，我们有了新产品，而且是种非常棒的新产品，为什么还要推销旧产品呢？公司要求我们这样对待客户实在不公平。我们是冲在第一线做出销售业绩的人，而公司简直一点也不在乎我们。就让其他人去销售旧产品好了。我要集中精力推销新产品，这样公司才能前进。你肯定不会对我的销售业绩有意见，不是吗？

你：你知道如果你不推销旧产品，会发生什么事情吗？（注意，

不要跑题）

杰克：是的。我推销新产品也可以为公司赚到同样多的钱。

你：如果你不推销旧产品，还会发生些什么事情呢？

杰克：我猜你会有点狼狈吧。

你：我的意思是如果你不推销旧产品，公司里会发生什么呢？

杰克：其他人会推销的。

你：是的。的确如此。其他人会推销他们分内的旧产品。你认为他们知道你没有推销旧产品吗？

杰克：哦，我猜他们会知道。销售信息在整个部门里是公开的。谁都会知道别人的业绩。

你：没错。他们知道你没推销这种旧产品。你知道，在你不推销这种旧产品的时候他们在做些什么吗？

杰克：我告诉过你，他们会推销这种旧产品。

你：是的，他们是在推销旧产品。不过在他们知道你没有推销而他们在推销的时候，他们还会做些什么呢？

杰克：我不知道。

你：当人们在做自己分内该做的事情的同时却发现别人没做分内该做的事情，这时人们会做些什么呢？

这一节的教练面谈流程运用了思维传输，从结构上讲，这比问一个只有两个选项而且其中一个选项是你想要的答案的问题要松散得多。这种松散的提问方式花的时间要多些，不过它的确有用。

杰克：我猜他们会抱怨。

你：完全正确。他们的确会抱怨。你认为他们会抱怨些什么呢？

杰克：哦，我猜他们会觉得不公平。

你：正是如此。他们觉得这不公平，因为他们必须推销旧产品而你却没有推销。如果你不推销旧产品，那还会发生些什么呢?

杰克：我不知道。

你：嗯，我们是不是有个清空旧产品库存的期限呢?

杰克：是的。

你：如果你不把自己的份额推销出去，那么关于库存以及截止期限会发生什么呢?

杰克：我猜我们在截止期限前无法清空库存。

你：完全正确。我们无法在截止期限前完成区域清库目标。会有什么事情因为这一情况而发生呢?

杰克：我不知道。

你：你认为这个截止期限是从哪里来的呢?

杰克：区域经理。

你：正确。你认为他在知道我们无法在截止期限内达成目标后会说些什么呢?

杰克：哦，我猜他会对你发点火。

你：完全正确。他希望了解为什么我无法完成公司目标。现在，你认为如果我们无法在规定时间内完成清库任务，那么还会发生什么事情呢?

杰克：我不知道。

你：哦，如果公司就新产品进行大手笔广告投放而客户对新产品的了解每天都在加深，假设四个月以后，当我们试图推销旧产品的时候会发生些什么呢?

杰克：我们压根没有任何机会来推销旧产品，因为客户不会接受任何达不到新产品水准的产品。

你：完全正确。我们手中会砸有大量销不动的旧产品。现在你认同有问题存在了吗？

杰克：听着，我同意你所说的这些事情都很痛苦这个说法，但我们的目标毕竟只是实现销售，而且我了解我的客户，也了解我的销售区域。我认为，在我知道有了能够帮他们解决他们问题的卓越新产品之时还向他们推销旧产品从而毁掉我们之间的关系是不对的。

你：（他不同意你的说法。如果他拒绝纠正该问题，那么进入后果那一步。）杰克，我是否跟你谈过你需要销出去的旧产品数量呢？

杰克：是的。

你：你认为我是否可以决定你要不要推销那种产品呢？

杰克：你当然可以。我是你手下最出色的销售员。你让其他人去推销旧产品，让我推销新产品来为公司赚大钱吧。

你：你想知道真正的答案吗？

杰克：我想你打算告诉我你并没有选择吧。

你：完全正确。我没有选择。跟你一样，我也为公司工作，因此我跟你一样也要遵守公司下达的命令。现在如果我告诉你必须推销旧产品而你却没有照做，那么你认为我还有什么选择呢？

杰克：别跟我说你会因为这么鸡毛蒜皮的一点事就要开除我。我一个人的销售业绩要超过任何两个其他销售员加在一起的业绩。你这里真的离不开我。

你：的确如此，杰克。我不会开除你，但我还有什么其他选择呢？

杰克：嗯，你可以做任何你喜欢做的事。毕竟你是老板。

你：不，事实上我不能随心所欲地干自己想干的事情。你的行为限制了我的行为选择。我问你一个问题。去年年终我们有过一次长谈，当时你谈了对晋升为一位管理者的兴趣，你现在仍然还有这样的兴趣吗？

杰克：当然。我希望成为公司的一位全国销售经理。这也是我这么卖力工作的原因。

你：嗯，我再问你一个问题。你认为高管在决定谁该被提拔为管理者时要考察哪些方面？

杰克：哦，我猜他们会考察那些可以做出成绩、可以取得销售业绩的人，那些聪明而又有远大抱负，还具有管理者那些品质的人。

你：杰克，完全正确。你认为他们的信息是从哪里来的呢？

杰克：我猜是你提供的，来自你做的那些评估，以及你就我的升迁问题所做的推荐建议。

你：正是如此。你认为他们在做升迁决策的时候还要考虑哪些其他事项呢？

杰克：哦，我猜他们会考察可靠性、可信赖性、情感成熟度等。

你：完全正确。他们的确会考察所谓的可信赖性及可靠性。如果我现在就你的升迁写评语或做推荐，我会考察哪些方面来作为对你的可靠性及可信赖性进行判断的依据呢？

杰克：哦，我猜是我是否做了该做的事情等。

你：完全正确，就是你是否做了该做的事情。现在，如果你知道了你该推销旧产品而你却拒绝这么做，那么在你档案的可升迁性项目中就可信赖性及可靠性写评语时，你认为我会写些什么呢？

杰克：你是说你会仅仅因为我不去推销旧产品就毁了我的前程吗？

你：杰克，是你自己不去做该做的事情而自毁前程。你的自毁性行为限制了我的行为选择。如果你不做自己该做的事情，则事实上便是你不可靠或不值得信赖。

杰克：乖乖，这简直成了某种意义上的穿小鞋，一个取得优异销售业绩的人只是因为没有销售一种公司已经在某种意义上报废的产品就要受到你的刁难。

你：杰克，我们现在谈论的不是什么产品，而是关于你拒绝去做自己该做的事情这样一个事实。如果你拒绝做自己分内的事，我不知道除了称这为拒绝做自己分内的事情还能怎么称呼它。那么如果这会影响你未来升迁的话，你同意这是个问题这个说法吗？

杰克：我认为你在处理这件事上不公平。不过如果你要这么对待我的话，你认为这是一个问题的说法当然没错。

你：很高兴你同意这是个问题的说法。我们将如何解决这个问题呢？（你刚刚结束了教练面谈流程中的第一步并开始进入第二步。）

杰克：嗯，我猜我要跑市场推销这种产品。

你：好极了。你具体要怎么做呢？

杰克：我会开始向客户展示这些旧产品而不是展示新产品。

你：在我们两个月前决定推销旧产品的会议上，我们达成了什么样的意见呢？

杰克：我们说过我们将在旧产品清库前只销售旧产品。

你：是这样的。这个决定对现在的你有什么影响吗？

杰克：呃，我猜我将在旧产品销完前只销售旧产品。

你：好极了。不过如果你在自己的区域里已经销售了一部分新产品的话，你将如何解决这个问题呢？

杰克：这不成问题。我手头还有许多没有买过任何新产品的客户，我可以去这些客户那里把大量旧产品推销给他们。

你：嗯，很高兴看到你对销出去这些旧产品有这么大的信心。

杰克：我为什么要没信心呢？我是你的顶级销售员呢。

你：你说得当然没错，杰克。（你刚完成了第二步，正要进入第三步，即双方就需要采取的措施达成一致意见。）杰克，既然你要推销旧产品，那么你有什么样的日程安排呢？

杰克：哦，看起来时间有点紧。迄今为止其他人都已经推销 60 天了，在清空本区域旧产品的截止时间到来前，我们只剩下 30 天时间了。

你：是这样的。你将如何应对呢？

杰克：嗯，按我目前的销售速度，我应当可以在截止期限结束后 30 天内清空我的库存。

你：杰克，这行不通。要赶上截止期限，你能采取什么措施呢？

杰克：你的意思是你期望我在 30 天内销完其他人已经销了 60 天的产品吗？

你：杰克，区域销售经理让我给大家的截止期限是一样的，给你的期限跟其他人没什么不同。他们没有要我对待杰克跟对待其他人不一样。而且不仅如此，一分钟以前你还在说你是一位比大家都更优秀的销售员。那么你会具体做哪些工作呢？

杰克：哦，如果你说我没有选择，那么我想我就必须在接下来的 30 天里销售完我的全部旧产品。

你：这当然是种积极态度。你将如何去做呢？

杰克：嗯，我猜我要暂时推迟所有其他销售工作，并把所有精力投入清空旧产品库存的任务。我将增加每天的销售拜访次数，同时跟我区里的大客户达成一些交易。

你：听上去很棒。你每天将开回价值多少美元的销售订单呢？

杰克：大约5 000美元。

你：你将从什么时候开始呢？

杰克：马上。

你：马上是指什么时候呢？

杰克：明天。

你：你的意思是说到明天晚上你将完成最少5 000美元的销售额，而且此后每个工作日都完成至少5 000美元的销售吗？

杰克：我还有别的选择吗？

你：你打算这么做吗？

杰克：是的，这正是我计划做的。

你：好极了。我相信你有能力做到。你决定做必须做的事情这件事使我很高兴。看来你正在展示自己具有成为一位成功管理者所必需的那些额外品质。明天晚上回到办公室后带上你的订单，这样我们就可以探讨你的销售工作了。感谢你抽时间过来以及在为寻求这一问题的解决方案中提供的帮助。（你刚刚完成了第三步。你现在必须做的是第四步，即跟进，以及第五步，即对成就的赏识。）

你刚刚读到的是一个为解决现实问题而进行的一次教练面谈流程的几乎逐字逐句的记录。杰克的确在差一点不到30天的时间里把旧产品全部推销了出去。

我希望大家注意到前文所述的对话中这样一个现象，即管理者并未对那些或许会被视为不敬之语的俏皮话或含沙射影的话语做出反应。你对面谈中这些无关紧要事情的任何关注都会使你偏离教练面谈流程的主要目标。本面谈的目的不在于重申杰克对老板的忠诚，而是要改变杰克的行为，促使他停止其自毁性行为。在你的教练面谈中，不要理会那些带有情绪的话语。只对人们的话语做出反应，不考虑他们的意图。（你读不了他们的心。）

我们再考察另一个跟私人问题有关的绩效问题。你是一位行政经理，你手下有一名名叫彼得的员工，他把午饭时间拖长到两小时，而且看似在午饭时间里还饮了酒。午饭后他回到办公室时浑身酒气，有时说话吐字不清。

这种情况第一次出现时你没有对彼得说什么，因为你觉得这或许只是个个例。如果这种情况只出现一次的话，就根本不值得你去费时费力。但到了周末，你发现彼得在五天里有四次这样的情况。因此你的第一步便是跟彼得进行一次反馈面谈，让他明白自己的工作上哪里不尽如人意。周五下午你把彼得叫进了你的办公室，对他说你发现他花了两小时吃午饭，而且显然在午饭时间里喝了酒。你向他解释这是种不合规矩的行为，你请求他停止这种行为。

彼得的反应是对你说他心烦意乱。他讲了因为发现老婆偷情而正在办理离婚手续；他女儿又因为怀孕从大学退学；他儿子因为在中学里卖毒品被捕；他又因为拖欠赌债遭赌场经纪人上门逼债；而他的汽车又需要换一个新变速器。你本来打算五分钟结束的反馈面谈结果变成了一次耗时一个半小时的哭诉会。你建议他去找个心理辅导师理一理头绪。你同时还问他需不需要休点儿假，不过你还是把同事们在议论他的事告诉他，请他不要继续拖长午饭时间，也不要在午饭时间里饮酒。他答应试试，不过说心里乱得很。

到第二周结束时你没有跟彼得谈，但你注意到他又恢复了五天里四次在午饭上花两小时，而且回来时醉醺醺的状态。于是你运用教练分析来找出问题的症结所在。

通过教练分析流程你得出结论，虽说彼得有许多私人问题存在，但他拖长午饭时间还喝得醉醺醺地回来却是他的个人选择。他现在面临着两种问题：一种是私人问题，另一种是工作问题。如果你可以让他一直在午饭时间里这么做，那么你大可以不必理会这个问题，但你不可以这么做。你意识到如果你和彼得不能消除这个工作问题的话，开除他将只会大大加剧他的私人问题。

你运用教练面谈计划表准备教练面谈。本例中的行为偏差在于他午饭时间过长（两小时）以及午饭时饮酒。

彼得午饭用时过长，午饭时饮酒导致的结果如下。

1. 他不在岗时电话无人接听。
2. 其他员工接听他的电话并心有怨言。
3. 人们得不到及时服务。
4. 其他员工知道彼得的所作所为，并抱怨这种不公平待遇。
5. 因为他讲话含混，所以跟他打交道的人知道他午饭饮了酒。
6. 你的上司对你说，其他部门的头头暗示他管理着一个乡村俱乐部，放任员工在工作中饮酒。他要你纠正这个问题或开除彼得。

如果彼得不停止当前这种不当行为，那么他将面临如下后果。

1. 彼得还是一个管理委员会里的一名成员。如果他不停止当前这种行为，那么他就可能被取消在该委员会里的资格。
2. 他将被取消参加全国专业人士月度会议的资格。
3. 你将被迫开除他。
4. 如果彼得被开除，则他的私人问题会加剧。

理想行为是"午饭不超时，饮酒不过量"。

现在你已经做好了跟彼得进行面谈的准备了。于是你开始第一步——就有问题存在的现实情况达成共识。

你：你好，彼得，坐。

彼得：嘿。

你：你知道我为什么叫你来吗？

彼得：不知道，不过我可以大体猜到。

你：你是怎么想的呢？

彼得：哦，我猜是关于我午饭的事。

你：完全正确。

彼得：是的，我知道我不该这么做，不过就像我对你所说的，近来我心事重重，我已经尝试过不这么做了，但是无能为力。

你：你知道当你在午饭上花两小时，回来后的举止又像饮酒过量时会发生什么事情吗？（你不能直接说饮酒过量，因为你没有在场观察他饮了多少酒。你只能观察他的行为。）

彼得：这没什么，我做好自己的工作就行了。

你：正常午饭时间结束后你还没到工作岗位上，没人接你岗位上的电话或接待前来跟你打交道的客人，你认为这时会发生什么事情呢？

彼得：哦，我猜电话会没人接听，人们必须找个时间再来一次。

你：完全正确。需要你服务的人得不到服务会发生什么事情呢？

彼得：噢，我不知道。

你：你的电话响了却没人接听时，你认为你的同事们会怎么做呢？

彼得：我猜他们有时候会接一下。

你：完全正确。他们会放下自己手中的工作来帮你做你的工作。你认为这会使他们不高兴吗？

彼得：噢，我不知道。我猜他们兴许会不高兴吧。

你：正是如此。这的确会让他们心烦。你认为他们会就这事做什么事情呢？

彼得：我不知道。

你：猜。

彼得：哦，我猜他们可能会向你投诉。

你：是的，猜得没错。他们的确会投诉。他们想知道为什么公司规定午饭时间只有一小时而你却可以有两小时吃午饭。还会有什么事情发生呢？

彼得：哼，去他们的。如果他们也有我这么多问题的话，他们会更苦恼的。

你：还会发生什么事情呢？

彼得：我不知道。

你：你吃完午饭回来后，你认为自己的举止正常呢，还是像那些饮酒过量的人一样说话含混呢？

彼得：我镇得住酒，再说我也没喝那么多酒。

你：再猜。

彼得：你是说我举止看起来像个醉汉吗？

你：正是这样。大家跟你讲话时你就像一个醉汉，他们会投诉还是不加理会呢？

彼得：他们爱嚼舌头就让他们嚼去吧。

你：你或许可以这么想，不过你认为他们会不加理会还是会投诉呢？

彼得：他们很可能会投诉，不过他们爱嚼舌头就随他们去吧。

你：是的，他们会投诉。那么你认为他们会在他们之间抱怨，还是会向各自的管理者投诉呢？

彼得：可能两种情况都会有。

你：是这样的。当他们的投诉传到我的上司耳中的时候会发生什么事情呢？

彼得：我猜他会找你过问。

你：完全正确。他要搞清楚我是否在这里办了个乡村俱乐部什么的。现在你还不认为有问题存在吗？

彼得：我只是从来没想过会有这么一天，我看明白了，尽管我为这家公司辛辛苦苦地干了这么多年，实在没有什么用。我曾经为公司累死累活地工作，现在我遇到了一点私人问题，公司竟然对我没有丝毫同情。公司管理层口中的忠诚、安全感在个人遇到问题时一文不值。

你：你不认为有问题存在吗？

你们没有就做错事情产生的结果达成一致。现在你必须跟他一起检讨一下，如果他不停止这种做法的话会带来什么样的后果。

你：彼得，我和你一样都是在为公司工作。我也得遵守这些规章制度，而且要确保所有人也都遵守这些制度。我现在再问你一个问题。如果你继续在午饭上花两小时，回到办公室里满身酒气而且说话含混，那么在你身上会发生什么事情呢？

彼得：为什么你就总揪住我不放呢？是不是因为我老了你想除

掉我呢？我工作出色，这么多年来为公司做了那么多工作，而现在我个人遇到了一些困难，你们这些年轻人不但不帮我一把还来找我麻烦。

你：我是在叫你停止做一些自毁性行为。因为如果你不停止这种做法，你留给我的行为选择就极为有限了，而且这些选择中没有一项是对你有利的。那么如果你不停止目前这种行为，会有什么事情发生在你身上呢？

彼得：你可以做你喜欢的任何事情了。

你：不，我不能。你的行为限制了我的行为。现在说说如果你不停止当前的行为，会有什么事情发生在你身上呢？

彼得：嗯，我猜你可以开除我。

你：猜对了。我需要一个可以做好该做的工作的人，但我希望这个人是你。不过如果我们不开除你，还会发生什么事情呢？

彼得：我不知道。

你：嗯，你是我们在管理委员会的代表。如果你不纠正这个午饭问题，你是会继续做我们在管理委员会的代表，还是会被从中除名呢？

彼得：你是说你会把我从那个管理委员会里开除吗？

你：完全正确。你让我没有选择。还会发生什么事情呢？

彼得：我不知道。

你：嗯，你还是我们在全国专业人士月度会议的代表。如果你不纠正这个午饭问题，你是会继续做我们在专业人士月度会议里的代表，还是会被从中除名呢？

彼得：你很可能会取消我的会议代表身份。乖乖，真见鬼，你碰到一点私人问题，这里的人就威胁要搞砸你的工作。

你：的确如此。你的会议代表身份将被取消。我再问你一个问题。你现在有这么多私人问题，如果再丢掉工作，这些问题是会好转还是会恶化呢？

彼得：哦，如果我没有工作，这些问题当然会恶化。

你：正是这样，你现在认为有问题存在了吗？

彼得：嗯，如果你要这么说的话，这当然是个问题了。

你刚刚就有问题存在取得他的认同，接下来进入第二步——共同探讨可行的解决方法。

你：好极了。那么我们该怎么解决这个问题呢？

彼得：嗯，我不会再这么做了。

你：你不会再这么做什么呢？

彼得：我不会再花两小时吃午饭了。

你：好极了。你将怎么做呢？

彼得：我将只用一小时吃午饭。

你：很好。你还会做些什么呢？

彼得：这不就是你想要的吗？

你：这将对我们双方都有利。不过，人们指责你的另一部分内容是什么呢？

彼得：哦，你说过人们指责我午饭后回来时醉醺醺的。

你：完全正确。你将怎么做呢？

彼得：嗯，我会在午饭时减一减饮酒量。

你：好极了。那么你将饮多少酒呢？

彼得：哦，那是我的私事。毕竟我的午饭时间是不拿工资的。

你：没错。你的午饭时间我们没有支付薪水，不过你在午饭中的行为影响到饭后的工作，那么你午饭中的行为对你我来说就都很重要了。告诉我，在这些私人问题出现前，你在午饭时间里饮酒吗？

彼得：我当然会饮酒。

你：那么你以前大约饮多少呢？

彼得：哦，我会饮一杯鸡尾酒。

你：那么，在饮了一杯鸡尾酒后有人指责你醉醺醺吗？

彼得：没有。

你：那么，你认为午饭中饮多少酒才是安全的，才不会让人指责你醉醺醺呢？

彼得：一杯鸡尾酒。

你刚刚完成了第二步，现在可以进入第三步——就解决问题所须采取的举措达成一致。

你：好极了！你将怎么做呢？

彼得：按我们刚才说的办。

你：那是什么呢？

彼得：我在午饭时只饮一杯鸡尾酒，而且午饭时间也不超过一小时。

你：听起来好像可以解决我们的问题。那你将从什么时间开始呢？

彼得：哦，今天是周五，我从下周开始。

你：好的。下周什么时候呢？

彼得：周一。

你：听上去可行。感谢你在为解决这个问题而制订行动计划中的合作。下周一午饭后我再找你谈谈。

你刚刚完成了第三步。接下来的两步是跟进以考察绩效是否有所改变，以及强化所有绩效改善。

下周一你当然应当在彼得结束午饭的时间里到场，观察一下他的午饭时间是否少于两小时以及是否没有表现出醉意。而且你应当在接下来的一周里每天重复这一行为。再接下来的三周，你每天都要进行检查，以确保他践行自己的承诺，不过在此期间只需要一周对他的行为进行两次赏识即可。

在应对据称是由私人问题引起的低绩效时，重要的一点是要判明你是否可以容忍在这种私人问题消失前的低绩效。如果你可以容忍这种状况，那么就不必解决这个问题了。你只需平心静气地等着问题消失即可。如果必须纠正该绩效问题，那你跟该员工除了纠正问题外别无选择。有些人会指责你冷酷无情，说你无视这些绩效问题是由私人问题造成的这一事实。但如果你没有办法接受这种低绩效，这就意味着低绩效就是自毁性行为。因此，如果你运用教练面谈流程，按顺序实施，那么你便会对自己取得的成果感到惊奇。教练面谈流程行之有效。但我这里要提醒大家注意的是，如果你改变了教练面谈流程的实施步骤或省略掉其中一步，它就不起作用了。捷径是走不通的，因此如果没有走完全部流程，就不要自欺欺人地认为自己既然运用了教练面谈流程，就应该期望出现卓有成效的结果了。如果你认为“我运用了教练面谈流程，只是非正式的而已”，那么你实则并未运用教练面谈流程；你做的完全是跟教练面谈流程不沾边的另外一回事。

如果你希望提高劳动生产率，遵照下面的指示。

1. 告诉大家你期望他们做到的事情。撰写出准确描述工作内容的工作职责表，在项目开始前多花些时间探讨期望目标的细节；告诉大家你对他们的期望。

2. 工作开始后，运用跟进流程作为管理信息传输系统，以维持适当绩效或纠正不恰当绩效。

3. 有可能，在员工及其工作之间创设一种按分钟或按小时进行的反馈制度。不过要传递的是成就程度而非失败程度。如果是持续时间较长的项目，则在其中创设多个开始及结束点。反馈活动让每个工作日中都有赢有输。

4. 增加员工听见你亲口说出的口头积极表彰的次数，但要注意表彰具体行为，避免泛泛空谈。

第13章

成功消除员工低绩效行为的要求

必须准确找出需要改变的行为

在管理绩效结果时，具体描述期望结果的理想变化实在是件轻而易举的事情。在一个具体时间段里，判定要增加或减少所期望事物的数量并没有什么难度。不过，正如我们早先提及的那样，管理者的职责不是管理结果，而是管理那些会导致该结果出现的绩效（行为）的各个方面。如果员工的业绩不尽如人意，你必须界定员工必须做出怎样的改变才会取得理想的结果。

作为一位管理者，仅仅查找出员工已完成了哪些工作是不够的。尽管了解正在发生的事情对管理工作颇有帮助，但了解员工哪里出了差错最重要的作用在于，把出错之处用作判断员工必须从何处入手纠正的基础。如果你已经成功地运用了教练分析以及教练面谈计划表，你就可以在进行教练面谈之前了解自己期望出现什么样的行为改变。如果你无法查找出自己期望的行为改变，这便意味着你同员工进行所有面谈的目的均在于进一步收集信息以找出到底发生了什么事情。

员工的行为必须对结果有影响

如果导致低绩效行为的障碍超出了员工的控制，那么显然员工行为的改变不会影响结果。一个不那么明显的事实是，管理者会多次观察到一种低绩效结果，与此同时他们也会发现员工行为中的某些方面显然是令人无法接受的、令人讨厌的或直接令人恼火的。遗憾的是，管理者并不会花些时间去查明改变该特定行为是否会对结果产生任何影响。如果一名员工的行为不会影响结果或将不会对结果有影响，你为什么还要找该员工谈话呢?

在面对面谈话中需要员工的全面投入

我并不是说你要跟员工有身体接触，要在摔跤中三局两胜。我所说的全面投入指的是员工思想上的投入。要了解员工思想上是否投入的唯一方法便是让员工亲自说出来。员工仅仅对你提出的解决方案表示同意或不同意是不够的。你必须运用思维传输把神奇的解决方案从你的大脑中传输到员工的大脑中。当这个智慧的结晶从员工的嘴里说出来后，你便明白这种传输已经实际发生了。

必须有就员工行为进行具体反馈的最大限度沟通

如前文所述，企业里大约有 50% 的低绩效问题可以关联到反馈问题上。也就是说，行为人对自己的行为结果并不知情。最大限度的反馈并不是说在某人犯错时对其大吼大叫。让员工自己记录自己的行为比由你记录然后再反馈回去的效果要好得多。对低绩效进行反馈的最佳方式是中性反馈："你知道你的咖啡洒在鞋子上了吗？""你意识到前三周你的报告都是周三而不是周一交上来的吗？""你知道你在使用销售辅助材料时，将它们紧紧抓在自己手里，让客户都看不到吗？"

如果某人对你说"我没意识到自己那样做了"，那么这个人是在告诉你，他缺乏关于自己行为的反馈。要记住，跟一名有问题的员工首次面谈是向其提供反馈，即你要告诉该员工他的哪些行为不可接受，以及你要求他做出改变。

此外，反馈应当专注于成就而非失败。不要反馈失败程度，要反馈成就程度。那些失败了 10% 的员工同时还有 90% 是完美的。在员工答应做出改变之后，这种反馈仍然具有同等的重要性。为改变结果，员工常常答应做出改变，他们会发自内心地认为自己有了改变，而事实上他们没有。在行为改善期，对其行为进行的高频率反馈会推动这种改善取得成效。事先议定的作为赏识的正面反馈将强化正处在改变中的行为。

你必须为员工找出需要改变的行为

管理者常常抱怨员工不去做那些解决问题所必要的显而易见的事情，或他们一遍又一遍地去做那些明显行不通的同一件事。在管理者眼中，员工做错了事是件再明显不过的事了。管理者就是不明白，为什么员工就做不出需要做出的改变，这些需要改变之处在管理者眼中看来再明显不过了。遗憾的是，这些管理者常常按照他们眼中员工面临的可行选择项而不是员工自己眼中面临的可行选择项来解读员工的行为。要记得乔治·凯利给我们的教导：人们不会蓄意做不合逻辑的事情。事后或者因为这行不通，或者因为他们又找到了更好的行事方式，他们或许能够发现其中的不合逻辑之处。

如果你作为一位管理者存在的唯一理由便是帮助员工取得你期望他们达

到的成功程度，那么你就必须采取措施帮助他们改进。要记住对“员工为什么不做分内之事”这一问题的答案之一便是“他们不知道自己为什么要做这事”。如果员工不知道要做出改变的原因，那么为他们找出需要做出改变的原因便是你的职责所在了。重要的是，不仅要把他们必须做出改变这一点传达给他们，把他们需要做出改变的原因传达给他们也具有同等重要性。在教练面谈流程中，第一步便是通过向员工传达做错了事情的后果以及如果不停止这种错误做法会带来的后果来实现这一点的。

如果做出改变的需要在员工看来极其明显，而员工仍然拒绝做出改变，那么你就应当假设“也许，这一点在他们看来并不是我想象中那么显而易见”。

员工必须理解他们需要对自己的行为负责

员工常常指责其他人需要为他们的低绩效负责。他们的假设便是，他们之所以做出了那些行为，其原因便是其他人迫使他们这么做。

如果你试图教幼儿学走路，你会遭遇不尽如人意的行为，因为小孩还没有学会如何完全控制自己的肌肉。因此孩子在尝试移动身体时只会出现手脚不听使唤、动作完全不协调的情况。但在工作环境中，你面对的是成人，而且你不会要求他们做一些超出他们个人能力的事情。

雇佣的一个基本方面便是人们把自己的行为出租给你。这里有一个基本的假设：人们对他们出租出去的行为负责；否则，他们怎么可能向别人出租呢。在法庭上，尽管暂时性精神错乱作为对被告犯下十恶不赦罪行的一种辩解是合适的，但在工作中，这却不可以作为持续出现低绩效的一个合适原因。

如果你面临的绩效问题实在是由于员工无法控制自己的行为而导致的，那么该员工便患了一种无法控制的病。该员工当然不能为这种行为负责，而你当然也无法解决这一问题。你唯一的选择便是让员工离开工作场所，同时，也许要鼓励其接受医治。

员工必须感知到你的辅导是对他们有利的

了解人们所感知到的内容的唯一方法便是让他们写出来或说出来。最佳方式便是运用思维传输。

实施教练的唯一目的便是帮助你改善员工的绩效，帮助他们停止自毁性行为，这样你便不必被迫运用一些对他们不利的后果了。教练界定的是问题的各种解决方案，而不是制造出你在开除员工及训斥他们时可以派上用场的海量记录。员工对教练的感知将建立在你解决问题的行动上。如果你发自内心地相信自己作为一位管理者存在的唯一理由便是帮助员工取得你期望他们达到的成功程度，那么你便会做些对员工有帮助的行为，而不仅是做记录。

当人们指责你找他们的麻烦或对他们吹毛求疵时（实际上不是这样的），那么你应该详细向他们解释你在本书前面章节中学到的知识，跟自毁性行为、管理，以及管理者的职责相关的知识。向员工解释他们的行为限定了你行为的原因也具有同样的重要性；他们的行为偏离正常工作行为越远，你可以从中选择的行为选项便越少。仅仅让他们知道你在尝试帮助他们是不够的，即你仅仅对他们说“我在帮助你”是不够的。说出并做出能够把“啊哈，老板正在帮助我停止我的自毁性行为”这一想法传输到他们脑海中的行动全由你来施行。

你必须致力于做你希望员工做的同样的事

在一家大公司的一个部门里，一位高管上班迟到、早退、午饭花很长时间、虚报费用而且在午饭时饮酒过量，还一直抱怨自己的员工也在做同样的事情。如果你自己不能每天按时上班，那么不仅你难以了解哪名员工按时上班，你的员工也难以在真正的重要事情与你口中所说的重要事情之间做出区分了。如果你希望员工有诚信，那么你便必须表现出诚信。如果你在言语中要求员工对公司忠诚奉献，但你自己的行为展示的却是缺乏忠诚及奉献精神，这便是自相矛盾，会成为你成功管理员工的障碍。如果你自己不遵守规则，那么你便难以让员工遵守规定。例如，如果你要求下属在自己的员工队伍里雇用少数族裔，而你自己的队伍里连一个少数族裔也没有，那么这里面便出现了一个可信度鸿沟，反之亦然。你自己做了一件事，并不能促使员工做你希望他们做的事。成为一个典范固然有益，但典范本身不足以改变员工的行为。除了以身示范，你还必须亲自实施本书探讨的其他管理行为。

你必须承认并表扬员工取得的成就

教练面谈流程的最后一步便是对所有成就加以强化。实施强化措施以维持绩效是进行跟进流程的首要原因。人类行为管理中的科学方法——行为矫正理论强调了作为一种积极结果的你的表扬及赏识对员工行为的影响。在有改变发生时，仅仅是观察并记录下来是远远不够的，你必须对此做出反应，作为对他们的改进进行的赏识，对员工说些话并做些事情。要记住，成就不仅体现在胜利之中，同样体现在失败程度比以往有所减轻的情况之中。

在改变员工行为中注定失败的做法

1. 没有让员工投入，只是对他空谈。
2. 不给出具体反馈，只有泛泛之谈。

3. 关注态度，而非行为。
4. 假定员工理解有问题存在的现实状况。
5. 假定员工知道解决问题所必须采取的行动。
6. 不进行跟进以确保员工采取此前议定的行动。
7. 问题得到纠正后不认可或表扬员工。

第14章 对重要提问的回答

在教练面谈流程中谈论诸如降职、无升迁机会或开除等事项是否太严厉？大家必须把教练面谈流程放进现实背景中加以考察。你有一名绩效不佳的员工，他在你的组织里制造了必须加以解决的问题。你已经跟他进行了一两次谈话（反馈面谈），绩效却没有改善。你进行的教练分析显示，该员工绩效低下的唯一原因便是他主动这么行事。这便是你要动用教练面谈流程的背景了。这次是为了挽救该员工而做的最后一次努力了。

教练面谈难道不会造成员工的紧张与压力吗？是的，但这种紧张与压力比起员工在你冲他们大吼大叫或在他们听说要因为其自毁性行为而被开除时经受的紧张与压力小得多。

这一切难道不都是操纵吗？这当然是操纵。不过所有具有使他人去做你想让他们所做之事的效果的行为都属于操纵，如承诺升迁、威胁开除及加薪等。此外，从定义本身讲，管理即是操纵。要管理某事物，你就必须有能力对其进行操纵。

可是，只应对人们的行为是否不够人性化？一种流行的管理学观点认为，应对人们的动机及价值体系会更人性化，这种观点假设如果改变了人们的动机及价值体系，则人们的行为便会发生改变。这是一种极其自相矛盾的概念。没有任何雇主有资格或能力对别人的动机或价值体系指手画脚。事实上，仅仅应对你租来的行为而不要求他们做出改变才是更人性化的。

你是在要我仅跟人们讨论他们的工作而不跟他们谈论其他事情吗？我当然不是这个意思。不过，本书仅限于探讨跟提高劳动生产率及帮助员工消除诸如自毁性行为方面的内容。你应当维持与人们工作之外的关系。例如，如果员工通常就私人问题寻求你的建议，那么就继续向他们提供建议。只要你的行为不会支持低绩效即可。

你为什么要等到把所有做错事情带来的结果或所有后果都传达完毕后才寻求一致意见？如果能够达成一致意见，为什么不尽早达成一致意见？首先，我不知道怎样告诉你如何判断何时可以达成一致。我不知道如何预测哪一种后果能打动某名特定员工。对于某些人来说，失去工作中的某些荣耀性额外待遇要比丢掉工作更可怕。事实上，人们常常因为失去工作中的某些荣耀性而辞职。其次，把所有结果与后果都摆出来，在说服员工有需要改变的绩效问题方面能起到更好的效果。但要记住，当你把做错事情的结果传达给员工，而该员工也承认有问题存在后便不要再继续探讨后果了。

你是否有帮助我成功运用教练面谈流程的秘密或规则？我是有一套规则，不过却并不是什么秘密。这一套规则适用于生活中的一切方面。

1. 做好准备；事先判断出有哪些事物需要改变，以及你要采取什么样的措施。
2. 遵循具体的行动计划；切勿临场发挥。
3. 进行自我反馈；比较你的行为与计划取得的实际结果之间的差距。
4. 决定下次该做哪些改变以更好地实现计划。

我完全照你所说的做了，可员工却仍然没有改变，这是怎么回事呢？把他们调走或开除，否则就要学会容忍这个问题。

如果我非正式地运用这个教练面谈流程会怎样呢？通常不会有效果。如果有效果，则属意外。

如果我的员工在教练面谈过程中哭泣了怎么办？一位管理者给我讲了这样一种情况，他三次尝试就秘书的记录保存问题对其进行教练面谈，可一进行教练面谈她就哭泣。这时他会递给她一张纸巾并安慰她，不过教练面谈也就此打住了。他感到沮丧，因为如果他不能完成这项教练面谈并纠正这一问题的话，他就必须开除她，而他并不想这么做。我对他解释，人在面临压力或痛苦的冲突之时会哭泣是一种习得的行为。在我们的社会中，小男孩哭泣是会受到惩罚的，会被人嘲笑“爱哭鬼”“尿湿尿片了吧”“快回家找你妈妈去吧”；而不哭泣的行为则会受到奖励“是个小男子汉”“你是个勇敢的士兵”“这才是我的小勇士”。相反，小女孩哭泣则不会受到惩罚，反而会得到拥抱及鼓励等奖励：“哭出来吧，哭出来会让你好受些。”人们不会意识到这是一种多年习得的行为，他们只是相应行事而已，大多数时候人们都不会进行思考，它就那么自然而然地发生了。因此，如果有人在教练面谈中哭泣，这便是在应对具有挑战性的环境时的一种习得的反应。因此当哭泣一开始教练面谈便停止时，这种停止行为实际上便强化了哭泣行为。我对这位管理者说，下一次在教练面谈中如果她哭泣，则不要安慰她，也不要给她递纸巾。只是看着地板，等待她停止哭泣。然后从因为她哭泣而中止的地方继续进行教练面谈，就好像压根什么哭泣都没发生一样。两周后他打电话给我，说他成功完成了教练面谈流程。他说，在该员工哭泣的时候他完全按照我教的去做，最终完成了教练面谈，从而消除了这一绩效问题。这里面的关键一点是，她事实上在这一教练面谈中哭泣了三次，但他都未加理会，从而得以推进面谈。

如果我的下属也读过本书该怎么办？如果你的下属是管理着其他人的一

名主管，则读过本书后他会在教练中有更出色的绩效。

可是如果我的员工知道了我的意思，那么还起作用吗？当然会起作用。教练并不是要什么阴谋诡计。如果你面试一个求职者，而那人知道你是在面试他，这会阻止你去进行面试吗？当然不会。你在教练过程中运用的提问技巧（思维传输）会引导员工回答真实问题，给出真实答案。

如果有员工要求在教练面谈时有工会代表在场，我该怎么办？如果工会合同中有这种规定，那就照合同办。但在面谈中要跟员工谈而不是跟工会代表谈。大多数工会代表都喜欢教练面谈，因为教练面谈处理的是具体事项。

在给出警告或批评时，教练面谈流程是否会受到工会合同的影响？丝毫不受影响。继续你的教练面谈流程，实施反馈面谈或教练面谈，在每个步骤结束时出具正式书面记录。

员工仍然有失败，但失败少了，如果我对此加以表扬，他们会不会就此停止改进的努力？这取决于你对他们说什么。如果某人的效率从 80% 提高到 90%，这时你便大加赞扬，他就可能认为 90% 的效率就足够了。你的强化性评语应当针对具体事项的改善，同时还要包括预期的最终结果。例如："你今天的工作是我见过你做得最好的一次。从 80% 提高到了 90%，你取得了长足的进步。如果继续这一进步势头，那么你很快便会达到我们部门的标准，即 98%。继续这种良好努力。"

如果无法取得一致意见，但我又不打算开除员工时该怎么办呢？

1. 继续寻找其他后果。

2. 重新分析你认为重要的项目。

3. 如果他们做了任何你希望他们做到的事情，就停止教练面谈流程，对他们的点滴进步都进行积极强化，然后观察该行为的发生频率是否有所增加。

4. 学会容忍问题。

让管理者对员工的成败负全责是否不合情理？当然合情理。管理者就是公司花钱请来最大限度地开发公司在资源上的投资的。每位管理者的成功都基于他在这方面做得是否到位。如果一位管理者不为员工的这种成败负全责，那么这种责任便传递到资源（人力资源）自己身上了。而一位管理者期望一种资源为自己的成败负全责就是一种自毁性行为（对该管理者自身而言）。

教练面谈流程看似对许多员工有用，但我不认为它会对那些有博士学位的专业人士有用。这不是一个问题，而是一个陈述。这个陈述跟假设所有博士都有积极性、所有硕士都精明能干、所有银行官员都是诚实的，以及所有大学教授都有逻辑性的说法一样谬误。遗憾的是，一个人所受的教育程度越高、薪水越高、身处的职位层次越高，则其受到的管理就越少，因此，在争取成功的路上得到的上级的帮助就越少。在过去 25 年中，教练面谈流程已经在各种层次上得到成功应用，如有必要，你在自己的组织里也应该推行本流程。

你是说，公司里我手下的所有人不管其教育程度高低、经验丰富与否以及职位高低都会失败吗？我当然不是这个意思。不过我要说的是，你在公司里雇用的每名员工，不管其教育程度、薪水以及在公司里的职位高低，均须达到你需要他们达到的成功程度。

我要多久才能在实施教练面谈流程方面达到应用自如的境界？如果你口中的自如指的是做事情时不假思索，那么答案是你永远也达不到自如境界。记住一个行之有效的规则，即一旦你在做事时不假思索，那么就要小心了，因为你很可能做得没有达到你能够达到的水平。

我可以把教练面谈流程用在我的老板身上吗？教练面谈流程仅对直接向你负责的人有效。然而有些技巧，如正面强化、探讨可行选项及就有问题存在达成一致意见等技巧在与同事及上级打交道中也有作用。

看上去教练面谈流程颇费时间；我在百忙之中该如何挤出实施教练面谈流程的时间呢？事实在于，管理者运用的管理方法不够有效，反复讨论问题绩效却无法改善绩效，从而浪费了大量时间。管理者常常讲："我没时间尝试让她做好工作。"但他们却花了两倍的时间来更换该员工。教练面谈并不比大吼大叫威胁的方法费时。不过，如果你实施教练流程，那么从长期来看你能够解决更多问题，而且你谈论同一个问题的次数要少得多。如果你总是说现在拿不出两小时解决一个问题，那么也许这个问题并不重要，而你应当忘记它。

教练面谈流程中的有些问题及答案看上去比较幼稚。那些向我负责的高层次、头脑精明的人士会不会跟我持有同样观点呢？在我长达25年的传授教练面谈流程的生涯中，从来还没有一位管理者或一名员工讲过在教练面谈流程实施过程中有这种情况发生。这种情况难以出现的原因在于，在你对他们实施教练面谈流程的过程中，你是就切实问题要求他们给出切实答案。话虽如此，不过如果你觉得用一些大词或用外文单词会好些，那就用吧，只要你们双方都理解这些词语就行。

如果我在表扬某人以强化其行为时他不满地说："哈！你在表扬我呢。"这时我该怎么办呢？你应该说："是的，你说得没错。因为你在这件事上做得出色，所以我表扬你的话也容易说得出口。"

有时有些员工比较好斗，当该员工大吼大叫时我该怎么办？你做一个"打住"的手势说："你不必大吼，我能听得见。"如果该员工说："我就想吼。"你可以说："那行啊，继续吼你的，你不想吼的时候就告诉我。"当他停止吼时你接着说："你到底想对我说些什么？"如果该员工说："我刚说过了。"你可以回答："我认为吼叫是你自己的事，我刚才没听。"对付吼叫的另一种方法是对该员工说："我能听得见。你不必吼叫。请停止吼叫，这让我心烦意乱。我们就不能像成年人一样谈谈吗？"

如果员工在教练面谈进行过程中跑出去该怎么办？如果在这次面谈以前该员工有过在教练面谈过程中跑出去的经历，那就说："过去你曾经在教练过程中跑出去。我希望你知道今天的会面是事先安排的公务。如果你拒绝参与，再跑出去，问题就更大了，就成了所谓的不服从管理，而不服从管理是会被开除的。”如果该员工此前从未在教练面谈中走出去过，但这次走了出去，那么在他往外走的时候说，本次面谈是安排好了的公务面谈，如果他拒绝参与，会被视为不服从管理，是可以被开除的。

我不知道我们公司的企业文化是否准备好接受这一处理绩效问题的方法了？ 首先，我要告诉你的是，文化只不过是大家关注的事情。你所在的公司、国家或俱乐部的文化是那个公司、国家或俱乐部里一群人所关注的事情，以及他们进行这种关注的方式。这里所说的关注指的是正式或非正式的规则、价值体系、大家所接受的或拒绝的事物、哪些被视为幽默而哪些被视为可怖之事、大家（社会群体）及行政机构（管理团体）加以奖励或加以惩罚的事物，以及所有正式及非正式的交流（出版物、流言、格式等）。如果你们公司的企业文化关注的是按时上班和按时出席会议等方面，那么大家就会重视准时。如果你们的企业文化并不关注这些，则大家一般会上班迟到、开会迟到。我知道这样一些公司，在这些公司里员工悠闲地上班，迟到早退现象司空见惯，没有任何人会当回事（不加关注）。同样的一幕也发生在开会过程中，人们优哉地闲扯，根本不在乎这些话语是否跟会议主题有任何关系。这些公司为了办成一些事召集一次又一次的会议，而如果大家都按时到场并且等到会议结束才离场，这些问题一次就可以得到解决。有一些高科技公司的高管对我解释，这是些与众不同的公司，员工过得悠闲自在、没有（所谓）传统公司里的有组织的控制，而且员工可以有大量自由行动以便发挥创造性，这种公司不需要任何典型的形式化制度。在他们的企业文化中，人们不怎么关注遵守规则、不关注运营成本，管理者也不关注要帮员工取得成功这种规则，更不用说开除什么人了，即便绩效再差也不开除人（我们从来没有开除过任何人）。只要他们的产品在市场上仍然是独一无二的，而且他们产品的利润率仍然还高得惊人，那么这种“悠闲自在”的企业文化便可继续维持下去。但如果市场发生变化、其他公司生产出了有竞争力的产品、该公司的利润率出现下滑，则这类公司的企业文化就会发生变化，大家就会关注那些影响盈亏的因素。例如，有 700 人被开除，同时，为了改善工作流程，公司制定了规章制度。在我访问一家这类公司时，公司上下每个人嘴里的最重大新闻便是“公司今天开除了某某人”。这是该公司成立八年以来开除的第一名员工。要了解自己公司的企业文化，那就去找出你们当前正式关注及非正式关注的事项。如果你打算改变公司的企业文化，那就改变你们所关注的事项。例如，如果你们公司并不重视管理者对员工绩效的跟进（检查），那么你将遇到许许多多的迟交项目或项目不完整的情况；因为第一次没做好，所以许多工作必须进行返工。不过如果你们公司重视对员工绩效的跟进，那么你将较少遇到这种令人不快的意外，而且有更多可以派上用场的项目按时完成，项目也可以一次完成。

我们在业务中欣赏专业球队的教练方法并试图加以模仿。你为什么不把这些纳入自己的教练技巧？作为一位管理者，你的工作要比专业球队的教练工作困难得多。设想一下，如果你的员工从周一到周五一直在练习做一件事情，然后在周五把操练过的事情真刀真枪地来上一遍；他们做得好不好会有 5 000 名观众以掌声与欢呼声或倒彩声迎接他们；他们可以从报上读到自己的绩效、晚上回家从电视上看到自己的绩效，而且知道自己每年都可能丢掉工作，对员工来说这将是一种什么情形呢？不过，即便这一切都不算，如果他们的工作每天都像球赛一样有赢有输，你的工作也会轻松许多。不过要知道，这些专业球队教练们也大量运用强化激励，制订大量计划，花大量时间谋划“谁将做什么，什么时候做”，然后就训练、训练、再训练——不过，这些内容都拍不成什么令人兴奋的影像或做不成什么饭后谈资。如果知道这一切，你也许会觉得意外。